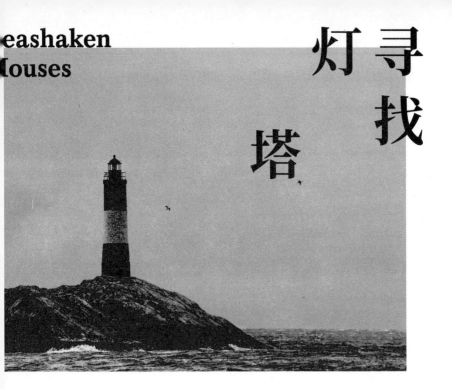

eashaken
Houses

寻找
灯塔

汤姆·南科拉斯　著

陈鑫媛　译

A Lighthouse History from
Eddystone to Fastnet

建筑、自然与人类的
集体记忆

北京联合出版公司
Beijing United Publishing Co.,Ltd.

寻找灯塔：建筑、自然与人类的集体记忆

(英) 汤姆·南科拉斯 著
陈鑫媛 译

Seashaken Houses: A Lighthouse History from Eddystone to Fastnet

by Tom Nancollas

图书在版编目 (CIP) 数据

寻找灯塔：建筑、自然与人类的集体记忆 / (英)
汤姆·南科拉斯著；陈鑫媛译. -- 北京：北京联合出
版公司，2022.4
ISBN 978-7-5596-3702-4

Ⅰ. ①寻… Ⅱ. ①汤… ②陈… Ⅲ. ①灯塔－历史－
英国 Ⅳ. ① U644.42-095.61

中国版本图书馆 CIP 数据核字 (2022) 第 022526 号

北京市版权局著作权合同登记号 图字:01-2022-0353 号

出 品 人	赵红仕
选题策划	联合天际
责任编辑	李艳芬
特约编辑	杨 嵘
美术编辑	梁全新
封面设计	一叶视觉

出 版	北京联合出版公司 北京市西城区德外大街 83 号楼 9 层 100088
发 行	未读 (天津) 文化传媒有限公司
印 刷	三河市冀华印务有限公司
经 销	新华书店
字 数	187 千字
开 本	889 毫米 × 1194 毫米 1/32 8.5 印张
版 次	2022 年 4 月第 1 版 2022 年 4 月第 1 次印刷
I S B N	978-7-5596-3702-4
定 价	58.00 元

关注未读好书

未读 CLUB
会员服务平台

谨以此书献给约瑟芬

并致敬杰斐逊·爱德华·琼斯（1987—2018）

目　录

在危险的岩石上

被海浪撼动的房子

——迪伦·托马斯,《序诗》, 1952 年

序　言

　　黄昏时分，在远处的海面上，一座17世纪的灯塔正在地基上嘎吱作响。在石头地基下方，海水暗涌翻腾，而在风向标上方，时有海鸥短暂驻足又飞走。

　　一艘小船驶离港口，上面载着灯塔的建筑师和几个木匠，因为水手和守塔人都报告说，那座灯塔——世界上第一座岩石灯塔——出了问题：天气恶劣时会摇晃不止，微微倾斜，要想挺过冬季的狂风，必须对其进行加固。

　　航行途中，海上风暴渐起。尽管还得再走13英里[1]，往南深入英吉利海峡，但返航已经不可能。我想，那晚的大海看起来应该像约瑟夫·马洛德·威廉·特纳的油画描绘的那样，巨浪起起伏伏、阴森可怖。前方漆黑的地平线上，他们的目的地显现出来。虽然当时他们已习惯了那番景象，但那天第一眼看到时，还是有些惊讶：在茫茫大海中，本不该有任何物体的地方，矗立着一座顶端亮着灯的建筑物。

　　这座灯塔看似浮在海面上，实则建在一块暗礁上。船上的人都紧张地看着它。许多船都曾被海浪推到这块长满了藤壶的暗红色礁石上。由于它比混凝土还坚硬，又像沥青碎石路起了水泡一样凹凸不平，所以撞上后，船只能冒着泡往下沉，坠入深海，变成海底沉船。在风暴中，船上的人们直奔它而去，急迫地驶向登陆点。

1　1英里≈1609.3米。

1

过去四年里，这座灯塔一直为水手们指明暗礁的潜伏地点。建成后，它马上就被誉为一项令人难以置信的成就。对于这座灯塔的牢固性，建筑师把握十足，甚至宣称渴望在最恶劣的暴风雨袭来时待在灯塔里。

距离这座造型奢华的灯塔越来越近后，他们慢慢看清了更多的细节。不难想象，在阳光明媚的日子里，渔船上的渔夫们会狐疑地评价灯塔的外形。灯塔底座为坚固的圆柱，还算明智。可塔身上部是怎么回事？那个八边形似乎由木头做成，还被装饰得稀奇古怪。那些装饰有什么用？又没几个人会看到。还有那些弯弯曲曲的铁艺物件，又有什么用？枝形吊灯在这种地方怎么保持干燥？不过，今晚没空探讨这些问题。灯塔还立着，建筑师就已经很感激了。

终于，他们设法抵着暗礁周围湍急的水流着陆了。把船拴好之后，他们急忙走向灯塔。风暴越发猛烈，灯塔的木头嘎吱作响，好像马上就要断裂。守塔人目瞪口呆地把他们迎进门。虽然能在如此远离陆地的海上生活，也算某种奢侈（塔里有一间金色的卧室，塔上还刻有拉丁语的题字），但也难逃被水淹的宿命。风暴还在不断升级，狂风吹乱了他们的头发，吹鼓了他们的外套。

那几天，严重的风灾席卷陆地。天边雷声隆隆，不绝于耳。狂风把人压到墙上，把马车摔向柱子，刮倒粗枝大树，撞倒建筑的尖顶和烟囱，把大门"砰"地吹开又"砰"地关上，将风车吹得转个不停，摩擦起火直至引燃帆翼。船只被风吹乱，河道上水泄不通，田地里的牲畜在风中七倒八歪。狂风肆虐，令英国面目全非。在那场大风暴中，所有人都以为末日已经到来。

1. 第一座岩石灯塔，英吉利海峡，1698年

礁石上的人们加紧工作，匆忙地加固着他们能加固的一切。所有人都顾不上礼节，甚至建筑师自己也疯狂地用锤子、锯子工作着，抢着在最后一缕阳光消失前做点什么。但就在当晚，午夜临近前，人们最后一次看到灯塔上燃烧着的蜡烛。随着暴风雨越来越强，灯塔开始猛烈地左右摇晃，将灯塔固定在礁石上的铁柱慢慢松动。最后，无可避免地，灯塔被狂风连根拔起，扔进海里。所有人都丧生了。

*

就这样，世界上第一座岩石灯塔除了破损的铁条外，什么都没留下。

要在像海洋这种不稳定的介质中搭建持久的建筑并不容易，坚固的结构似乎与流动的环境并不相容。虽然人类与海洋有着很深的渊源，但是海上很少能找到人类的踪迹。更为常见的是，人造的东西失去浮力沉入海底。残骸碎料被海浪推向陆地，在海湾里被碾成碎片，直至什么都不剩，仿佛大海在周而复始地消除着外来物。

也许，海洋的魅力就在于它显得太不安分，无法永久地被标记出来。大海除了浩瀚之外，还是空白的，可以自由解读。从弗朗西斯·德雷克的时代起，甚至在此之前，海洋就带给我们一种充满无限可能的感觉，我们通过海上贸易、海上战争和环球航行，拓宽了英国的视野。那时的大海是一片未知的领域，或可通向资源待获取、市场待开发的新领地。现在我们已经认识到了历史上的航海与探险背后的丑恶，但近年来，伴随着石油泄漏、塑料污染等问题，我们又在其他方面对海洋造成了破坏。

如今的海洋仍旧不完全为人所知，人类还不曾看遍海洋的全貌。离开陆地进入海洋时，我们仍然会感到一种本能的、原始的激动，那是一种探索和越界带来的兴奋，也许还有一种害怕无法返回而产生的恐惧。自人类发明飞行技术以来，探索天空和太空也给了我们同样的体验。无论海洋还是太空，我们涉足的这些领域都令我们激动，因为我们知道自己是入侵者，知道我们之所以能够置身其中，是凭借我们的技术，而不是因为人类本身可以久居其中。如今的我们，更渴望探索高地与太空。虽然我们的航海历史被编成歌谣传唱，留在我们美好的回忆里，但对许多人而言，航海历史只是一段过往。

我成长于两片海域之间，一片是拍打着康沃尔海岸的大西洋，另一片是从威勒尔半岛的沙地望过去，波光粼粼的爱尔兰海。虽然我的老家在格洛斯特郡塞文河西侧的迪恩森林，但我上学时的假期时光，都是在那两段海岸线上度过的。我现在才意识到，那时的经历不仅在我的潜意识里孕育了一种与海洋的亲密关系，还使我认识到海洋其实具有千种面孔。

威勒尔周围的有些潮汐很怪异，潮水退去就不会再回来，我们很少会跋涉半英里去浅滩中踏浪。六月，从霍伊莱克海滩上望去，爱尔兰海罕见的平静。尽管如此，这个看似温顺、独立存在于远处的地方，却也有令人毛骨悚然的故事。比如，它会披上欺骗性的伪装，将沙坝上毫无防备的人快速卷入水里，淹死在静水下涌动的激流中。我不记得见过船只在这片海上航行，不过我快要长大成人时，倒是看到有人开始在利物浦湾建造风电场。

康沃尔西侧的大西洋与之相反，这片海域一直都至关重要、神秘莫测，频频摆出一副怒气冲冲的模样。我们到康沃尔海岸南部的港口古镇探险时，常常会遇上风暴和咆哮的巨浪。我们要鼓足勇气才敢走近海岸，但总感觉下一秒这里就会掀起巨浪，岩石、残骸、脚爪、光滑的杂草、锋利的牙齿等各种东西好像就在海底蛰伏着，等着我们赤脚去探索。

远远望去，在 12 英里外康沃尔郡的地平线上，有一座岩石灯塔。那是一根模糊而独特的灰色柱子，刚好在人们的视野范围内，这足以激起我们的探索欲。在我的印象中，这座灯塔是不断变幻的海景中固定的一点。不过，实话实说，儿时的我对这种高深莫测的东西并未格外痴迷。对它的痴迷是后来才产生的，地平线上还有太多的东西等待着我去观赏。

每个星期天，许多游艇迎着海岸上的雾钟声驶入海湾。渔船的数量众多，而且外形各异，有的甚至是从法国过来的，船身插着布列塔尼 [1] 旗。海湾那儿有一所潜水学校，身着黑衣的潜水员在某片水域神秘消失又突然出现。若是天气晴好，就能看到海平面上更远处、更大艘的船只。人们经常会看到集装箱船在主航道上来来往往，但最令人激动的，是看到一艘战舰——或是护卫舰，或是驱逐舰——从英吉利海峡悄悄启航的轮廓。

当我身处伦敦，被内陆城市景观包围时，我的思绪才终于回到海平面上那座遥远的灯塔上。我在学习建筑保护主义相关的课程时，需要写一篇论文，那时的我已经熟知了包括住宅、教堂、

---

1 布列塔尼地区地处法国西北部，与英国隔海相望，气候、景观都与对岸的英国有些相似之处，据说这里人的祖先也是从英国来的凯尔特人。

酒吧、仓库、银行在内的大多数具有历史意义的建筑类型，我想要一个更具特色的主题。大概是为了逃避现实，我决定对一些更极端、更不寻常的建筑进行研究，这种建筑可以拓宽"建筑"一词的真正内涵，而且最好只出现在不为人熟知的地方。然后，我便想起了儿时在海岸上看到的建筑。

在不列颠和爱尔兰海岸线的尽头（无论是大陆还是岛屿的尽头）之外，有一些灯塔不畏艰险地立于海岩之上。普通地图只是模糊地标识出它们的存在，数字地图只显示出它们的名字。若非这些模糊的定位，以及偶尔来自远处渡船的目光，它们的存在几乎不为人知。

在将近四个世纪的时间里，人类在海上建造灯塔。在离岸数英里的礁石上，建筑工人攀紧脚手架，系上安全带，建起高耸的石塔。海浪频繁地卷走工具，淹没工程，拍毁砖石，打碎玻璃制品，施工队筋疲力尽地带着物资撤退又返回。这些磨难似乎突显出建筑就该存在于陆地上，而不该在海里，若要将其迁入海上，需要打一场硬仗。

尽管海面并不平静，但我们在海上实现了长久的稳固。1698年至1904年，人类共在海上建造了27座岩石灯塔，标记出了大不列颠和爱尔兰周围航道上最危险的威胁。如今依旧挺立的有20座，像是一大批从寓言故事中流传下来的精妙建筑。高耸的石塔顶上挂着铁灯笼，圆柱形的塔基常被淹没在海水里，灯塔仿佛海市蜃楼一般，立在海面上。

但其实，这些灯塔立在凹凸不平的礁石上。礁石因地质分裂而生，兀立在海中。曾经有一场著名的沉船事故，证明了海中的礁石有多么危险。1120 年，一艘名为"白船"的皇家大船从诺曼底巴夫勒尔启程前往英格兰，船上搭载着一群诺曼贵族，其中包括英格兰国王亨利一世的儿子、继承人威廉·阿德林王子。那天，亨利一世刚与法国缔结一项条约，为庆祝和平，这群人推迟了返程时间，以便在海滩上豪饮作乐。直到天黑以后，他们才登船启航。值得一提的是，虽然上船的都是贵胄，但船员们不仅没有为渡海保持清醒，反倒痛饮了一场。舵手在黑暗中醉醺醺地驾着船，一头撞向离岸不远的一块无名暗礁。"白船"破损后很快沉没，除了一人幸免于难，包括威廉王子在内的其他人都丧生大海。

王位继承人的去世，使诺曼王朝陷入混乱，并改变了几大盎格鲁－诺曼家族的继位顺序。"白船"的沉没充分显示了暗礁对陆地所能产生的深远影响。

撇开人为失误不谈，在接下来的几个世纪里，航海仍然是一门不精准的艺术。水手依靠不精准的海图和原始的仪器，无法每次都准确地判断出他们在海上的具体位置。未被标记的礁石显然成了一种威胁。白天，拍在礁石上的白浪或许能够暴露出它们的位置，但在黑夜中摸索前进的船只却看不到它们。

人们显然需要采取某种方式对危险的礁石进行警示，而且应该是一种无论在白天还是黑夜都能引人注意的警示。史料记载，中世纪晚期，离岸的礁石上出现了警铃，海浪一拍就会发出响声。传闻，阿布罗斯海岸附近的一块礁石上，就由镇上的一名男修院院长安装了警铃。但当时的外海依然漆黑一片。虽然主要原因是技术能力不足，但当时的人们也确实缺少动力。与后来的海上繁荣相比，当时在英国水域航行的船只较少，沉船事故也相应较少。

自伊丽莎白时代的航海大业和海上战争拉开序幕以后，一个新的海洋时代出现。海面更加繁忙，发生意外的风险也随之增加。英格兰的海岸线上建起了大量导航灯，最初的亮光来自一些经过改造或临时搭建的建筑或物件，比如：教堂塔楼、木桩子，甚至是海岬上的篝火。后来，随着砖石在建筑中的应用越来越广泛，这些临时搭建的灯标被专门搭建的沿海灯塔取代。灯塔的灯笼之所以能亮起摇曳不定的火焰，虽然要归功于当地经营者的努力，但他们靠灯塔营利（途经灯塔的船只都要在港口缴纳通行费），因此也会削减灯塔的建造成本。

沿岸的情况就介绍到这里。在远离海岸的海面上，那些威胁到船只安全的礁石起初被一些幼稚的、风格鲜明的建筑标记着。比如，其中有一座是以洛可可风格设计的塔，塔顶有装饰物和风向标；还有一座是细长的木质塔，造型陌生，建在露出水面的桩子上；另有一座圆锥形的塔，与船只的外形相似。它们看起来笨拙得令人发笑，因为它们所处的位置实在尴尬，矗立于可以掀起万丈波涛的海面之上，海上刮起的疾风会不断击打塔壁。尽管它们像藤壶一样咬定礁石，不过最终还是被推倒或被替换了。

19世纪初，英国的海域比以往任何时候都要繁忙。在随后的几十年里，英国的殖民地和领地加起来形成了一个遍及全球的帝国，这得益于技术上的快速进步。例如，英国有了更大更快的汽船，这种轮船有能力面对海图上的任何航线，优于从前依赖风力前行的帆船。虽然当时在英国的水域里帆船仍然随处可见，但是铁壳汽船也已经开始越来越频繁地出现在水面上。威廉·特纳于

1838 年绘制的《被拖去解体的战舰无畏号》完美地捕捉了当时的气氛，这幅画描绘了木质战舰"无畏号"在退役后被拖曳至海斯港解体的景象。这艘装备着 98 门船炮的战舰，在特拉法尔加海战中，曾立下过汗马功劳。

那些有危险的暗礁一个接一个被消弭。除了水手的生命外，国家的繁荣也要依靠船只在航道、河口和港口的安全通行。那是一个向前看的时代，一个进步的时代。政治、公共卫生、监禁制度和其他生活领域都进行了改革。科学上的重大进展，正在改变人类看待人与自然关系的方式。这种氛围集中体现在我们的岩石灯塔上，这些灯塔大多是在维多利亚时期匆匆建成的，它们是航海方式"改革"引以为豪的表现，代表着大海也被"改造"了。所以，对维多利亚时代的人而言，这不仅仅是建造了一台高效的机器。每座灯塔相较于之前的灯塔，都青出于蓝而胜于蓝。

一种奇妙的新型建筑已有了蓝图，而且是由一群新生代的土木工程师绘制的。从前那些异想天开的、嘎吱作响的试验性建筑已经成为过去。现在，在建的岩石灯塔的风格都十分统一：完全用石头建造，接缝设计复杂，瘦高的圆锥外形好似橡木树干。曾经的明火被灯光取代，并得到了改善，光源透过精妙的玻璃制品，照亮远方。

灯塔看起来如此震撼，高达百余英尺[1]，直指高空，塔顶在风暴中，塔底在海水里，人们不禁对它们的起源赞叹不已。它们的坚韧也同样令人感慨，其中最古老的一座灯塔自 1811 年起就一直挺

---

1 1 英尺≈0.3 米。

立在礁石上，在长达两个多世纪的时间里，它经受了难以想象的狂风暴雨和烈日暴晒。现在，灯塔仍旧被固定在海景中，高举传承的火把（它们也确实亮着光），将海洋历史延续下去，而这部分历史是国家自我意识的重要组成部分。

本书将讴歌这些独特的建筑，讴歌它们如何照亮海面，如何发挥救生功能（这在今天仍是至关重要的）。建造灯塔的目的虽然纯粹且高尚，但其背后掩藏了诸多悖论与模棱两可。灯塔立于陆地与海面之间，坚韧与脆弱之间，确定与未知之间，神秘与真实之间。灯塔立于我们国家的边缘，也立于我们意识的边缘。

水会通过屋顶石板之间的细缝缓缓滴落在木梁上，渐渐浸透木梁，直至木梁严重受损。水也会从堵塞的排水管中飞溅而出，顺着墙壁流下，渗进墙壁的缝隙里，直至墙体腐烂。冬季，水会渗入建筑材料中凝结成冰，然后突然胀裂石块、砖墙或锈迹斑驳的铁件。为了让建筑维持原状，建筑保护主义者必须不断地与这种液态的威胁进行抗争。水是建筑物躲不过的克星。

一百五十多座灯塔坐落于悬崖或岬角之上，点缀着英国与爱尔兰的海岸线。大部分灯塔都是完完全全的传统建筑，通过公路、悬崖小径或是港口走进这些灯塔，通常很容易也很安全。除了塔上的大型照明设施外，这些灯塔的设计和建造与其他任何地面建筑大同小异。由砖墙、木材，偶尔还有石料建成的灯塔，易受水的侵蚀，同样需要防潮湿、防渗漏、防洪水。

岩石灯塔矗立在遥远的海面上，它们的设计十分巧妙，灯塔四面环水，却不受影响。但大海其实少有风平浪静、对灯塔手下留情的时候。海面还算温和时，海浪会拍打在灯塔硕大的鼓形底部上，激荡起一两朵浪花，敲打窗沿。若是天气恶劣，翻滚的海浪则会形成厚重的水墙，向通常情况下够不着的、易碎的玻璃灯笼扑来。在最糟糕的天气里，整座灯塔都摇摇欲坠。

　　所有的一切都发生在看不见的地方。我们大多数人只是瞥见过遥远地平线上的灯塔，极少与灯塔亲密接触。从这个角度看，灯塔似乎与我们分享了海洋的神秘，也让我们见识到了它用寓言和神话吸引我们的魅力。一些扣人心弦的故事就来自灯塔，比如："飞翔的荷兰人"[1]、"玛丽·西莱斯特号"[2]以及被水淹没的国家——利奥尼斯[3]。海洋除了身为巨型的运输通道之外，还像一个与我们所处环境有别的大盆，它包围着我们，轻柔地拍打着我们民族精神的边缘。大海装着无数奇异的事件、奇光产生的幻觉以及古怪的经历。

　　我最喜欢的一个故事发生在锡利群岛，这是一个位于兰兹角西南方的岛群。1927 年 12 月 26 日这天，一艘诡异的驳船进入这片复杂的水域，坚定地朝着特雷斯科岛前进。驳船完美地在众多危险的岩石间穿行，岛民由此相信船上一定有人在掌舵。但不久之后，他们就开始质疑自己的推测了，因为驳船一侧突然开始缓慢地向陆面倾斜。岛民派出一艘救生艇，去营救这艘搁浅在特雷斯科岛上的船。救援人员发现，尽管这艘船巧妙地驶过了这片艰险的水域，但是船上除了一只在笼子里欢快歌唱的金丝雀外，空

1　"飞翔的荷兰人"是传说中一艘永远无法返乡的幽灵船。

2　传说"玛丽·西莱斯特号"被发现时已在海上航行了一个月，但船上空无一人。

3　利奥尼斯是圆桌骑士崔斯坦的家乡，据说由于海水的冲刷最终沉入了海底。

无一人。

建造岩石灯塔的工人以及在岩石灯塔上居住过的工作人员，也讲述了一些有关岩石灯塔的怪事。从灯塔上看到的异常现象、诡异的灯光、无法解释的闪光海面以及最猛烈的风暴天里，从大海深处传来的呻吟声和深沉的撞击声、石匠听到的从大西洋最深处传来的缥缈音乐……我痴迷于这些遥远的灯塔，因为我感觉大海的神秘仿佛渗入其中。建造灯塔的故事近乎神话。于我而言，灯塔可以与更稀奇古怪的海洋神话相提并论，所不同的是，灯塔安如磐石，灯塔故事的真实性不容怀疑。

岩石灯塔与星星、浮标、海岸灯光和昼标一起，构成了古老但可靠的导航系统，其中，灯塔是最令人激动的一部分。夜幕降临后，现存的18座灯塔仍在发光。在多数人仍然把外海看作外太空的时代，岩石灯塔就像浩瀚宇宙中的卫星，传递着关键的导航指令。随着人类的认知不断扩大，真正的卫星与灯塔争着完成日常的导航任务，真有些讽刺意味。

如今，英国的航运业与称霸世界的巅峰时期相比，虽然有所衰退，但依旧在英国的水域中蓬勃发展。2016年，通过海运往返英国的人数有2000万（相比之下，通过空运的人数超过2.5亿）。同年，有4.84亿吨货物从英国的港口进出。虽然我们个人与海洋的联系可能被切断了，但船只仍在继续为我们带来大部分的生活必需品，岩石灯塔仍在用老式的警示灯光指引着现代的交通，水手的眼睛仍然寻找着灯塔的踪迹。人数之多，频率之高，根本无法统计。

几乎没有其他建筑会像灯塔这样，特地建来让人躲避，不准人们近距离欣赏。尽管灯塔在人们可望而不可即的地方闪烁着诱人的光芒，但是它们所标记出的东西，对船只而言却是实实在在的威胁。灯塔除了能体现海洋的神秘之外，还体现了一些海洋内在的特质。对比过去，如今海上的灾难可能减少了，但海洋仍然十分危险。

仅 2016 年，皇家全国救生艇协会就在英国和爱尔兰周边海域拯救了 500 多条生命。这一年，救生艇共下水近 9000 次，其中最不寻常的一次，是前往苏格兰西海岸附近偏远荒凉的斯凯里沃尔礁石，营救一艘搁浅的外国游艇。营救行动从前一天午夜一直持续到第二天上午 11 点，救援人员在一片漆黑与狂风巨浪中想方设法将受困者从礁石上成功救出。不仅如此，救援人员还成功地避免了自己的生命损失。救生艇艇长因此获得一枚铜质奖章，作为英勇救援的嘉奖。

斯凯里沃尔也被用于给礁石上的岩石灯塔命名。这座巨大的花岗岩灯塔建于 1844 年，高达 156 英尺，是这片海域一个强大的存在。然而，这年二月的某天夜晚，它只能无力地看着下方的悲剧发生，爱莫能助。这是一种奇怪的悖论。当礁石上建起灯塔以后，失事船只的数量急剧下降。毫无疑问，灯塔使海面更加安全，挽救了许多生命，然而灯塔也只能做到这一步。这似乎在向人类表明，虽然我们可能感觉人类在过去几个世纪里掌控了海洋，但事实上，海洋仍旧未被人类驯服。从某些方面看，水仍将远远超出我们的掌控。

远方的灯塔美景令人浮想联翩，尤其当圆形的灯塔挺直身子立在神秘的水面上时，这种感觉格外强烈。我痴迷于岩石灯塔的故事和有关它的悖论，我不断查阅相关网站和书籍，汲取有关灯塔的知识，我大胆地跨越沙滩、海洋，甚至天空。探寻灯塔的过程是艰辛的，需要运气与应变能力，还需要熟人朋友慷慨相助。

灯塔也许很复杂，但我对灯塔的感受却很简单。在苍茫的大海中，石头、空气、水、光、黑暗、生、死等基本元素和工程技术得到了同样清晰的强调。通过在最恶劣的环境中建立一个住所，一个存在，岩石灯塔为"建造"和"忍耐"的内涵提供了一种深刻的解读，并为以前黑暗的地方带来了光亮。与这些灯塔建筑的故事交织在一起的，是有关建造灯塔目的的故事：如何在这些流动的地方建立和维护灯光，然后不断改进，使灯光更清晰、更强劲，直到射程之内的海面像格罗夫纳广场一样明亮、安全。

我希望本书能将各位读者的目光引到海上。我在书中记述了自己探访多座灯塔的旅程，从最古老的开道灯塔开始，到最晚动工的那座灯塔为止。我会着重介绍我的旅程，因为我觉得这是了解每一座灯塔的关键所在。

在康沃尔郡海岸远处的埃迪斯通礁石上，一个开创性的灯塔家族是灯塔历史的缩影。苏格兰的贝尔灯塔说明了灯塔在国家故事中的作用，而爱尔兰的豪博莱灯塔则站在界定不清的地方向我们展示：即使是海上的建筑物也可以带有政治意义。

灯塔这种建筑的形式与功能紧密相连，沦为累赘和成为废墟似乎就是它们躲不掉的宿命。有一天晚上，在利物浦附近如今已闲置的栖木岩灯塔里，人们对这一问题进行了探究。不同的是，灯光的试验与操纵倒是在伦敦泰晤士河边的一座实验性灯塔上进行的。不过，这仅仅是暂时性说回内陆。

再说回海洋。兰兹角附近臭名昭著的狼岩灯塔揭示了在遥远的海上建立家园的感觉，而锡利群岛上的主教岩灯塔则留下了一段关于距离和时间的奇异叙述。最后，位于爱尔兰海岸附近巧夺天工的法斯特耐特灯塔向我们揭示了如今灯塔内部的生活以及守塔人的故事。

那些对此有过了解的人可能会意识到，本书不会着笔于详尽描述英国的各座岩石灯塔，因为此前已有其他作者写过这样的主题。相反，本书旨在从个人的角度评述七座灯塔所展示出的共同点。我希望，本书能为读者提供一个新的视角来欣赏这些经受海浪冲击的建筑。

此时此刻，夜幕降临，在遥远的海面上，这几座岩石灯塔正沉甸甸地压在塔基之上。灯塔的发电机自动运作着，机器运转的噪声透过花岗岩墙壁，传入各个鼓形的房间。一些房间里还保留着漂亮的弧形家具，这些家具起源于维多利亚时代，那时的灯塔是光源也是住所，这些家具是那个时代的遗迹。轮值的工程师有时会蜷在弧形的床铺上，或者把自己的行李放进弧形的橱柜里。但其他时候它们基本是空的，团团电线令人沮丧地缠绕着它们。现代的显示屏上灯光闪烁，对未知的刺激做出回应。灯塔的房间不通风，充斥着海水和海鸥排泄物的气味。每座灯塔顶部的灯笼里都有一个精巧的玻璃装置在安静地旋转，优雅地在夜间发出光亮、在白天储存阳光。海浪不停地无情拍打灯塔的塔基，周围没有一艘船，似乎理当如此。

这种景象不会持续太久。

2. 双筒望远镜里的狼岩灯塔，2017年

埃迪斯通灯塔（一）

开创性的灯塔

1698 年、1708 年及 1759 年

位于距英国德文郡普利茅斯 13 英里处

想象一下，有一部关于这片海域的延时影片，片中的时间快速倒退，一直退到三个世纪以前。

画面里，四座灯塔在埃迪斯通礁石上依次倒下又挺立：一座被拆除了，一座像烟花一样燃烧，一座在风暴中坍塌。灯塔的建造材料从石料回归到木料，灯塔的外形从精心设计的简约格调回归到试验性的装饰建筑风格，四周快速航行的船只从柴油船变成蒸汽船再变成帆船。最后，时间定格在 1698 年。这一年，第一座埃迪斯通灯塔落成，这是一件不同寻常的奇幻之作。

这座灯塔有建筑师亨利·温斯坦利本人的影子。温斯坦利生于 1644 年前后，在 1669 年躁动的复辟时期度过了他的成长岁月。查理二世在奥利弗·克伦威尔建立的清教徒政府瓦解后复辟，这一年是璀璨绚丽的，对应了前几年岁月的灰暗。温斯坦利的父亲是埃塞克斯郡奥德利庄园的管家，这座宏伟的宅邸于 1666 年被查理二世用作宫殿。后来温斯坦利成了奥德利庄园的工程监督员（负责监督奥德利庄园的建造），他亲身体验了这座引领潮流的复辟宫廷里的活动，欣赏了宫廷的装饰，感受了宫廷的恢宏。他是一名善于抓住机遇的精明建筑师，他在奥德利庄园积累了建

筑经验。但他的视野没有局限于这一门学科，他还设计过一套大获成功的纸牌。在他那坐落于伦敦皮卡迪利大街附近的奇特博物馆——温斯坦利水世界里，到处都是新奇的装置，其中就有一个"奇妙的桶"，游客可以从同一个水龙头接冷饮和热饮。除此之外，馆内还有他自己设计的早期机器人以及会捉弄游客的移动椅子。

这些新奇事物吸引了大量游客，也给温斯坦利带来了不菲的收益。用这些收益，他买了船。他与埃迪斯通礁石的初次相遇就充满了怒气，截至 1696 年，这块礁石已经毁掉他两艘船，造成重大损失。据说，在收到第二艘船"恒久号"失事的消息后，他从伦敦飞奔到普利茅斯，强烈要求官方采取措施照亮这块礁石。在官方无力地宣称做不到的情况下，他决定亲自尝试。

那时英国的海域还是漆黑一片，海面上没有任何建筑。除了象征性地弥补自己的损失，温斯坦利在埃迪斯通礁石上建造灯塔的决定还可能是由另一个动机促成的。这座灯塔为一种极致的壮美提供了诞生的可能：建一座不可能建成的建筑，在里面放置一盏从未有过的灯。

埃迪斯通礁石潜伏在一条繁忙的航道上，往北约 13 英里，就是英国西南部的普利茅斯。据说 16 世纪时，弗朗西斯·德雷克在与西班牙无敌舰队交战前，就在普利茅斯高地打保龄球。自那以后，这个港口就一直是一个能引起英国人民共鸣的地方。德雷克和后来的库克船长等航海先驱就是从这里来来去去的。1620 年，乘坐"五月花号"去往美国的清教徒们也是从这里起航的。亚当·哈特－戴维斯在他为温斯坦利写的传记中，引用了"五月花号"船长写下的关于当时还未被标记的埃迪斯通礁石的一段话：

在德文郡内陆向南 9.5 英里处，有一块由 23 块锈红色岩石组成的邪恶礁石，海水在它凹凸不平的边缘打旋。这块礁石对附近的所有船只都是巨大的威胁，因为它就跨坐在港口入口处。

当时的普利茅斯是一个繁荣的城镇，港口处的商业船只与军用船只络绎不绝。17 世纪 90 年代，皇家海军造船厂就建在城市西面。随着普利茅斯的兴旺发展，出现在港口入口处的埃迪斯通引起了人们越来越强烈的焦虑。

1694 年，英国政府批准一家名为领港公会的组织在埃迪斯通礁上建造灯塔。领港公会的前身在中世纪时由水手组成，后来得到历任都铎王朝君主的授权，专门管理英格兰的航海事务。今天，它仍然是仅有的负责英格兰、威尔士和海峡群岛灯塔的组织。

但几个世纪以来，该组织一直以过度谨慎闻名。到了 17 世纪 90 年代，虽然他们已经建造了几座沿海灯塔，也享有官方给予的建造特权，但他们仍不愿意建造岩石灯塔。有时，他们甚至找理由反驳在埃迪斯通礁上建设灯塔的提议，称灯塔可能会迷惑或误导水手。也许，公会这一奇怪的举动可以从其组织构成中找到答案。一个由老船长管理的慈善组织并不能完美地胜任在外海建造灯塔这一任务，这个项目需要胆识、雄厚的财力和丰富的土木知识。

奇怪的是，在一个盛行到了 19 世纪的体制下，领港公会并没有垄断灯塔的建设：个体投资者可以直接向君主请愿，获批建造灯塔，以此营利。营利方式是在港口向经过灯塔的船只收取通行费，费用的高低按船只和货物的吨位大小计算。灯塔的建造者希望巨额的利润可以抵消建造灯塔的巨额开支，因此，灯塔并不总是利他主义的产物。

领港公会试图把建造埃迪斯通灯塔这个大项目委托给当地人威廉·惠特菲尔德，但愿意支付的报酬却很少。按照公会的打算，惠特菲尔德将受邀管理和资助在礁石上设计和建造灯塔这一整个项目，但他只能单独享有灯塔建成后头五年收到的通行费，此后要与领港公会平分收益，直到租约到期，灯塔完全归公会所有。这是公会为免除风险打的如意算盘。不出所料，惠特菲尔德拒绝了。

但温斯坦利却没有提出异议，在与领港公会达成协议后，他于1696年开始建造灯塔。当时还没有岩石灯塔这种东西，除了有传闻说有人在危险的海域装了警铃或其他装置，用以警示往来船只外，还没有在外海建设助航设备的先例，更不用说建造灯塔这样一座建筑了。尽管温斯坦利有一定的建筑经验，但在很大程度上，他还是要依靠自己丰富的想象力。

建成的灯塔是一个奇迹。砖石砌成的塔基呈鼓形，高16英尺，由12根铁柱固定在礁石上，为灯塔的其余部分打好了坚实的地基。塔基上面是两段中空多边形结构，由石头和木材建成，用于贮藏和居住。塔身外侧有一段阶梯，连接着地基外侧的竖梯，绕着塔身通向一个开放的木制阳台，阳台由护栏围着。再往上是一个八边形的灯笼，八个侧面镶着一格一格的玻璃，托着一个铅制的圆顶。温斯坦利在灯笼里放置了60支蜡烛。灯塔的顶饰很不一般，是一团繁复的铁艺制品，加上一个装饰性的风向标。

灯塔的建造过程富有戏剧性。当时正值英法两国交战，法国军舰经常在英吉利海峡袭击挂着英国国旗的船只，温斯坦利和他的团队冒着被法国军舰俘虏和勒索的危险在海上航行。1697年，他们的确被一艘法国武装民船俘获，被带到路易十四面前。路易十四得知他们是在建造灯塔后，释放了他们，并郑重其事地宣称自己是"与英国开战，而不是与人道开战"。

1698年11月14日，第一束光从一座并不像灯塔的建筑中照射出来。与其说这座建筑像灯塔，倒不如说像一栋装饰性建筑，或是一座复辟宫殿的角楼。温斯坦利设计的埃迪斯通灯塔有奥德利庄园的风格，它虽然建于海上，但设计风格在本质上和陆地建筑没有太大差别。除了用几根硕大的铁柱插入礁石打地基建成塔基之外，几乎没有什么部分是在考虑了海洋的情况下建造的。虽然圆形的塔基会分散海浪的冲击力，但上方的多面体结构则暴露出五个平坦的侧面，海浪可以不费力气地击打这些地方。更容易被狂风刮走的是许多突出的部分，比如灯塔外侧的楼梯和装饰性的铁件。

尽管如此，新落成的灯塔还是挺过了第一个冬天。1699年，温斯坦利开始实施加固和扩建计划。他加固了塔基的砖石结构，并用铁箍固定整座灯塔。如此一来，灯塔变得越发花里胡哨。但温斯坦利仿佛难以自抑，他又建了一些突出的房间和平台，还刻上了拉丁语的题字（其中一段宣称他自己是埃塞克斯郡的"绅士"）、徽章以及更多的装饰性铁件。他想在灯塔里建一间"非常精致的卧室，里面有烟囱和壁橱，房间是充分粉刷过的，镀着金，外面的活动护窗也很牢固"。部分新设计是实用的，比如用于在塔楼上来回运送货物的升降机和滑槽，但大多数设计显然是装饰性的。

这不是一座适用于海洋的建筑，也不适用于陆地，它只是为了满足温斯坦利一人的想法所建。它看上去实至名归：一座史无前例的建筑。

但与温斯坦利的其他探索不同的是，这可不是魔术表演里的把戏。温斯坦利的灯塔在礁石上矗立了四年，经受住了四个冬季的狂风。它证明在外海，在一块仅仅退潮时才能露出来的礁石上，是可以建造灯塔的。温斯坦利有些傲慢地宣称，他希望自己有机会在大自然所能形成的最猛烈的风暴中，守在埃迪斯通灯塔里。

1703 年 11 月 26 日，一场空前凶猛的风暴席卷英国，也就是后来所说的大风暴。这场大风暴摧毁了数千根烟囱，成片的树林被夷为平地，大风吹动风车快速旋转，直到摩擦起火引燃帆翼。小说家丹尼尔·笛福是这场风暴的目击者，据他描述，风暴摧毁了沿海港口，威力之大，使得这些港口看起来就像是在战争中被敌军毁坏的一般。仅在英吉利海峡，就有 13 艘皇家海军舰艇失事，共有超过 1000 名水手溺亡，大部分惨剧都发生在古德温暗沙。

正如本书《序言》中所提到的那样，温斯坦利和他的团队急忙赶去加固灯塔以抵御这一场风暴。尽管他的灯塔足以经受恶劣的冬季大风，却无力与这种等级的风暴抗衡。那天晚上，这座灯塔被吹倒，塔里还有那个缔造了它的异乎寻常的人。从此，再也没人见过这座灯塔的踪迹。在领港公会的提议下，女王赐给温斯坦利的遗孀伊丽莎白一笔抚恤金。

然而，出海的人们已经离不开埃迪斯通的灯光。祈祷和观星不再是他们沿着这条航道向普利茅斯航行时仅有的方法，一束光，一束经实践证实过的、可靠的、令人振奋的光，曾指引过他们。温斯坦利的成就对普利茅斯的繁荣起到了至关重要的作用，但在接下来的三年里，埃迪斯通礁石一直处在未标记的状态下。领港公会再次表示不愿意承担在礁石上建造灯塔的风险，而另一名个体投资者约翰·洛维特船长接受了这项挑战。

1706 年，洛维特船长与领港公会就埃迪斯通礁签订了 99 年的租约。他聘请的设计师是约翰·鲁迪尔，一名来自伦敦路德门山街的丝绸商人。他或许是一名不太可能胜任设计任务的候选人，不过之前的温斯坦利也曾给人这种感觉。总的说来，早期岩石灯塔建造者的身份都与建造灯塔这件事不搭调。比如，1776 年在威尔士海岸建成的第一座史莫斯灯塔，就是由乐器制造商亨利·怀特赛德设计的。毕竟，那个时代属于有身份的业余爱好者，各个行业之间没有明确的界限。如果一名纸牌制造商能成功设计出埃迪斯通灯塔，那么理论上，丝绸商人也可以办到。设计者的胆识和才智，才是最重要的。有关鲁迪尔性格的记载留存的资料不多，不过，我们可以从他设计的埃迪斯通灯塔看出温斯坦利缺乏的谨慎持重。

与第一座引人注目的埃迪斯通灯塔不同，鲁迪尔的灯塔更为谨慎，设计师在设计时牢牢地把大海放在心里。基础的瘦高圆锥体塔身没有任何外部装饰，不给海浪扑打的机会。坚固的塔基由石料层和木料层交替建成，用 36 根锻铁柱扎扎实实地固定在礁石上。上面是 4 间非常简陋的房间，供守塔人居住。最值得注意的是，整座灯塔被巨大的垂直木料包裹，这是由两位造船工设计和安装的，防水性能像船一样好。1708 年 7 月 28 日，灯笼里的 24

支蜡烛被首次点燃。

除了海洋蠕虫不断侵入，外部木材需要频繁更新外，鲁迪尔的灯塔大体是成功的。木材的使用使灯塔能够游刃有余地应对海浪的冲击，流线型的外观设计又减小了周围海水的压力。18世纪上半叶，位于普利茅斯的皇家造船厂进行扩建，以容纳更多的船只。埃迪斯通礁上鲁迪尔设计的导航灯塔一定是推动这次扩建的一个因素，但包裹了整座灯塔的木料也埋藏着一个隐患。

1755年12月2日夜，人们从陆地上看到埃迪斯通灯塔亮得不正常——木质灯笼里起火了。起火原因不是灯笼里的24支蜡烛，可能是从下方厨房穿过灯笼的烟囱破裂，引起了火灾。在蜡烛、木料和多年积累的蜡油的助力下，火势很快加剧，吞噬了灯塔的上部，迫使守塔人赶紧从下方离开灯塔，到外面裸露的礁石上避难。他们在礁石上缩成一团，等了8个小时，直到第二天早上10点，终于等来一艘救援船。此后的5天里，鲁迪尔的灯塔在熊熊烈火中彻底燃为灰烬。

有一个奇怪（但显然真实）的故事是这样说的：在灯塔燃烧时，94岁的守塔人霍尔目瞪口呆地仰脸看着大火，不知怎么吞下了一滴从灯笼上滴落的熔铅。但是没人相信他。他抱怨胃痛，随后只活了12天。他死后，尸检发现他胃里确实有一块凝固的铅。现在，这个铅块还收藏在苏格兰国家博物馆里。

在解决照亮外海这个问题上，这两座灯塔都是令人钦佩的尝试。如果不是天气恶劣或缺乏维护，它们很可能会矗立更长时间。但从某种意义上说，这两种设计像是站在天平的两端。温斯坦利的灯塔是岩石灯塔中最有建筑感、最像陆地建筑的；鲁迪尔的灯塔则朝另一个极端走去，太有航海特色，几乎就像一艘船。这两者都存在不同的设计问题，最终让它们的使用寿命受到威胁。我们真正需要的是两者的中和，是把陆地和海洋结合起来的建筑。

约翰·斯密顿在内陆地区西约克郡长大，经常被称为"首位"土木工程师，因为他当时的做法令当今业界都认可。与温斯坦利和鲁迪尔的业余涉猎不同，他的工作内容就是设计运河、港口、桥梁以及其他干预自然环境的项目。他所处的时代，是技术和科学进步与新兴工业革命共同发展的时代。斯密顿站在基础设施工程师队伍的最前沿，这些新兴的专业人士为基础设施设计蓝图，以支持新兴产业的快速发展。

但约翰·斯密顿并没有取得工程学学者的专业资格，当时根本没有这样的课程。相反，他从自己善于创造的天赋中发现了自己的使命。受约克的一名天才钟表匠的影响，他在一个自建作坊里度过了大半的青春时光。他的父母不赞成他经常与商人打交道，试图引导他从事与法律相关的职业，他们认为这类工作更受人尊敬。尽管如此，约翰·斯密顿的创造欲也没有被轻易磨灭。1748年，他来到伦敦，在霍尔伯恩附近生产"科学仪器"。他兴趣广泛，求知欲旺盛。在 28 岁这年，他凭借自己对风力和水波动力发电的研究获奖，并因此被选为皇家学会会员。

1756 年 3 月，罗伯特·韦斯顿掌管的垄断组织拿下了埃迪斯通礁的租约。在英国皇家学会主席的推荐下，韦斯顿和几位承租人找到斯密顿，说服他设计建造第三座埃迪斯通灯塔。通过观察前两座灯塔的模型，以及礁石上的残余地基，斯密顿明白了第三座灯塔应当避开哪些缺陷。温斯坦利的灯塔向海浪暴露了太多可将其拆毁的打击点，鲁迪尔设计的木质结构虽然更适用于海面环境，但也更易招致火灾。

从大自然汲取的大胆而朴素的经验，为斯密顿提供了借鉴。他知道成年的英国橡树底部宽大，树干越往上越细，这样的外形能够经受住最猛烈的风暴。尽管大部分树叶可能会被刮落，但是树木本身却很少被吹倒，因为树的根、重量和低矮的重心，会将它牢牢扎在地面上。因此，他要设计的灯塔也应当如此，优雅挺拔，底部宽大，顶部逐渐变细。圆形塔基上光滑的曲形塔壁，不会留给波浪任何施力的地方。

考虑到重量和强度，斯密顿选择全部采用石料建造，但领港公会、韦斯顿和几位承租人都对这个决定惊恐万分。这不仅仅是费用的问题，还牵扯到后续噩梦般的物流问题。他们不相信石头建筑能够长久矗立在英吉利海峡。在他们的心目中，石头是用在陆地上的材料，是用于建造精美建筑物的。除了用作压舱物之外，它在外海没有任何用途。木材这种已被证明更适用于海洋的材料难道不会更好吗？但斯密顿说服了他们，使他们相信：重量可以抵消重量。他称，灯塔的重量越大，就越能顶住大风大浪施加的巨大负荷。花岗岩在当地可得，而且非常耐用，将是用来抵御大海风暴的理想石材。

斯密顿的点睛之笔在于，他让石块相互咬合，灯塔作为一个整体被固定在礁石上。正如他从橡树中得到灯塔外形的设计灵感一样，一条新铺设的伦敦街道让他领悟到灯塔的搭建方式。对于恶劣的海洋环境来说，传统的建造方法太脆弱。建造圆形建筑时，方形砖石并不好用。在建筑的整体结构上使用砂浆和铁钉，既费时又费事，而且不能保证在海浪的冲击下，它们是否还能永久地将石头固定在一起。但有一天，斯密顿在伦敦街头闲逛时，注意到一段新铺设的人行道，采用了榫卯结构将路缘石牢牢固定住，以防它们突出路面。他因此想到，如果搭建灯塔的石头也被凿刻成能够互相咬合的形状，那么大海就无法破坏这些石块了。

从 1756 年到 1759 年，每年五月到十月，斯密顿的这座灯塔都在拔高。斯密顿在普利茅斯米尔湾一片安静的码头区（早前归弗朗西斯·德雷克所有）建了一座石厂和一个突堤式码头。就是在这里，来自康沃尔郡博德明摩尔的花岗岩原料被凿刻成专用于搭建灯塔的榫卯造型。石块所需形状的凿刻工作较为复杂，能工巧匠方可胜任。他们佩戴着当时英国海军部铸造的埃迪斯通徽标，以示身份，免服兵役。

当时蒸汽动力还未广泛应用于建筑和航海，因此斯密顿灯塔之所以能建成，很大一部分功劳来自那批他在招聘石匠时一起雇用的从锡矿下岗的工人。这批工人把石料从采石场运到石厂，再从石厂送到帆船上（如果海上风平浪静，他们就划船送货），最后从船上送到礁石上。从采石场到礁石的总距离接近 50 英里，最后送到礁石上的花岗岩块成品每块重达 5 吨。和建造巨石阵的工人一样，他们用的也是绳子、滑轮和自己的血汗。不过，斯密顿和工人还需要把精心凿刻过的重石块从摇摇晃晃的船上转移到表面湿滑的礁石上。从这个角度看，他们遇到的困难更大。

他们的工作很大程度上依赖于天气状况，因天气恶劣而停工半个月是常有的事。建造过程很紧张，但斯密顿以身作则。他亲身参与了建造的各个阶段，经常在关键时刻和石匠们一起在礁石上干活。他曾险些遭遇海难，也曾险些在视察时因距离锻造铁灯笼的地方太近而窒息。他支付给工人的报酬很丰厚，因为在礁石上工作的工人经常冒着被海水冲走的风险，在石厂工作的工人则冒着被皇家海军强征入伍的风险。他的应变能力很强。有一次，用来制作门钩的锡用完了，他坚决要求将辅助船上包括刀叉、勺子、酒杯在内的锡制餐具全部熔掉，以保障工期按计划推进。那天的晚餐，他们大概是用手抓着吃的。

礁石的抗蚀片麻岩被改造成一段台阶，最初的石质榫卯结构被牢牢地固定在台阶上。整个施工过程中，几十根十字镐被敲钝。灯塔的塔基一半是礁石，一半是加工过的石料，一直堆到第6层，或者可以说第6个岩石层，再往上就全是砖石结构了。为了更安全，建筑工人还用大理石销钉和砂浆将岩石层与上下两端分别固定。工人们反复校准从第14层到第23层的砖石结构，将入口大门、通道和螺旋楼梯整合在一起，像乡村教堂塔楼一样窄。这些较低的石层构成了灯塔最重、最宽的部分，将它牢牢固定在有几分不情愿的埃迪斯通礁石上。

塔基上方有四间房。圆形塔壁与灯塔的下半部分不同，它更薄，是大块的厚砖石，虽没有榫卯结构，但要么用铁箍箍住，要么用铁链固定在每一层的楼面上。每层的地面都采用了榫卯结构，为每个房间打造出浅圆顶的天花板，看起来简约美观，但其实这一结构会产生一种向外的推力，不过这股力量被铁链牢牢控制住了。克里斯托弗·雷恩设计圣保罗大教堂时，也采用了同样的方式来抵消教堂穹顶的推力，不过圣保罗大教堂的规模更大。

（二者还有更多相似之处：雷恩设计的大教堂和斯密顿设计的灯塔都是在被大火烧毁的遗址上建起来的；大教堂南耳堂上方刻着拉丁语"Resurgam"，意思是"我将再次崛起"，这句话同样适用于埃迪斯通灯塔。）

斯密顿灯塔的顶部是一个精致的灯笼，斯密顿亲自承担了安装顶饰这项危险的工作。1759 年 10 月 16 日，灯笼里的蜡烛被首次点燃。多亏斯密顿的聪明才智，英吉利海峡在短暂陷入黑暗之后比从前更安全了。此后，受埃迪斯通灯塔缔造者设计的蓝图启发，英国和爱尔兰周围其他海域也开始出现灯塔的身影。温斯坦利证明了在海上建造灯塔是可行的，鲁迪尔证明了在海上再建一座灯塔也是可以办到的，而斯密顿则证明了巧思如何在大海中扎根生长。

斯密顿的灯塔最有影响力，其他所有现存的岩石灯塔都遵循它的基本建造原则而建。一座新型建筑在礁石荒凉的轮廓之上竖立起来，它采用精确凿刻的石质榫卯结构，让有序压制无序，为灯塔奠定了开创性的基石。

3. 1759年由约翰·斯密顿建造的第三座埃迪斯通灯塔

贝尔灯塔

国民灯塔

1811 年

位于距离苏格兰阿布罗斯 11 英里处

> 这束光将照亮 1811 年 2 月的第一个夜晚，一个星期
> 五的夜晚，以及此后的每一个夜晚，从日落到日出……
> 在远处的人们眼中，它的亮光将像一颗一等星，在达到
> 最大亮度后，隐没在夜色中。
>
> ——《航海通告》，19 世纪初

在一片漆黑的海面上，这束白光每 5 秒闪烁一次。

晚上，从阿布罗斯的港口护堤看去，贝尔灯塔明亮的闪光仿
佛远处有猎枪在开火。灯塔顶部的灯笼里，几束光经过一组旋转
的玻璃棱镜聚合成一束，射向地平线。它跨过时空，化作一道闪
光，来到 11 英里外我的眼前。

大多数民族纪念碑都是能够触摸、能够参拜、能够瞻仰的。
它们面前通常有一块空地供人群聚集。少有纪念碑会被建在大多
时候（非常罕见的情况除外）都无法触碰的地方，也少有纪念碑
会在夜间表现出和白天如此不同的样貌。

我被吸引到苏格兰，是为了探索一座岩石灯塔为何竟有
图腾意义，又为何会成为一个国家的纪念碑，何况它甚至根本

不在这个国家的土地上。我第一眼看到的是光，而不是那座建筑。我感觉这是很合理的。三座倒塌的埃迪斯通灯塔或许是开道先锋，但贝尔灯塔是目前仍然屹立在礁石上的灯塔中最古老的一座。

自 1811 年贝尔灯塔第一次照亮海面以来，它就不断地被人们观察、研究和歌颂，它还成了绘画和诗歌的常见主题。它孕育了许多传奇，为一群人、一个王朝甚至一个民族，即启蒙时代的苏格兰，树立起丰碑。贝尔灯塔绝不仅是一项孤独的、实用的工程，还与任何陆地上的东西一样，是国家威望的强烈象征。

但上述意义都从属于灯塔的根本用途：每 5 秒射出一道白光，确保过往船只避开危险。

我在白光两次闪烁间用手指数秒。从两百多年前的一个二月，那个寒冷的夜晚，灯塔第一次射出亮光以来，闪光的次数累积起来多得惊人。尽管战争、烈火和守塔人的不端行为，都曾给灯塔以短暂的打击，但灯塔的光亮从未完全熄灭。这主要得益于灯笼下面坚固的石塔，它把灯笼护佑在大海肆虐不到的地方。灯塔与灯光是相互依存的，灯塔使照明成为可能，灯光又使灯塔的存在变得合理。

这束灯光的射程可达 18 英里，能照亮北海的一片圆形海域，一直照到苏格兰漫长的海岸线上。我想，今晚还有其他人也看到了贝尔灯塔。也许是俄罗斯的货船船长，也许是返回阿伯丁的油轮船员。他们都会从闪烁的仪器上方抬起头来，看着这更为古老的警示灯光。其他像我这样的人，或许在岸边，或许在细雨霏霏的沿岸小道上，或许在昏暗的窗台上凝望。但此时此刻，在漆黑的港口护堤，只有亮光与我。

　　第二天早晨，从岸边望去，贝尔灯塔是地平线上最模糊的一点。贝尔灯塔建于1807年至1811年，工程师罗伯特·史蒂文森是一名后起之秀，他的导师是约翰·雷尼，名望更高，负责过的海洋工程项目更多。其他各路英才也纷纷来帮忙，比如木匠弗朗西斯·瓦特，他曾设计过一台精巧的平衡起重机来抬升石块（现代塔式起重机的原型），还有巴锡——一匹负责在采石场运送石料的马。贝尔灯塔构思和建成于乔治三世统治时期，它的建造比例与精致程度要归功于乔治亚时期的古典建筑风格。

　　灯塔的故事以及灯塔所在的礁石，实际上要从苏格兰东海岸的原始地质说起。从爱丁堡到阿伯丁，红色的砂岩峭壁摆脱了陆地的限制，从耕地延伸到北海。

　　顺势入海后，它在离岸11英里处露了头。这里是一个宽阔的海口，往来船只由此进入泰河（抵达邓迪市）或进入福斯河（抵达利斯[1]和爱丁堡）。潜伏在此的这块三角形礁石就是贝尔礁石，它超过1420英尺长、300英尺宽，只有在大海最低潮时才会完全露出水面。在海水的浸泡下，这里的干红色峭壁砂岩湿漉漉的，变成了暗血红色。礁石恰好挡在通往上述大型城市港口的航道上。几个世纪以来，前往这些地方的船长们一直担心会撞上这块礁石，许多船长为了躲避它，大费周章地靠近海岸线行驶，结果又因为

1　利斯现在是苏格兰爱丁堡北部的一个地区，在1920年并入爱丁堡市之前是一个自治市，处在利斯河口。历史上，利斯长期作为爱丁堡的港口存在。

与海岸线的距离太近，反而在那里失事。

贝尔礁石最初被称为英之杰礁石，这里最早发出的警示不是灯光，而是声音。声音来自中世纪的警铃，它被装在一根打进水面的木柱上，借助海浪的拍打发出铃声，提醒往来的船员注意有危险。

相传，这是阿布罗斯的一名神职人员所为。阿布罗斯是位于爱丁堡和阿伯丁之间的一个大城镇，城镇的建筑主要用附近峭壁上的红色砂岩建造而成。镇上最重要的一栋红色建筑，是壮观的阿布罗斯修道院，由苏格兰国王"狮子"威廉一世于1178年建造。阿布罗斯修道院是中世纪时期苏格兰最富庶、最有影响力的修道院之一。1320年，在修道院院长伯纳德的监督下，苏格兰人起草了《阿布罗斯宣言》（以下简称《宣言》），这是早期苏格兰人对摆脱英格兰干涉内政的权利的表达。九年后，《宣言》迫使教皇接受苏格兰独立于英格兰，并承认罗伯特一世为苏格兰国王。

阿布罗斯是距离危险的英之杰礁石最近的港口。修道院作为中世纪时当地的经济引擎，想必对当地的航运极为关注，所以很可能是有魄力的院长伯纳德要求在礁石上装上警铃的，以此避免船上的贵重物资撞上礁石。但我不知道这个装置的效果如何，警铃和木柱一定要十分结实才能抵挡住怒涛的撼动，并向过往船只发出可以盖过海浪声的警示音。但风平浪静时该如何呢？人们要分辨礁石的位置，依靠的是海水拍打在礁石各处时激起的水花和发出的声响。但在平静的海面上，人们看不见水花的位置、听不到水花的声音，警铃大概也无声无息。

警铃的效果如何并不重要，因为警铃后来被一个不知名的海盗破坏了，他也因此遭到报应，触礁遇难。最后警铃还是为礁石留下了点什么，不过不是装置本身，而是礁石的名字"Bell[1] Rock"（贝尔礁石）。

当然，这座修道院现在已是一片废墟。与英格兰一样，1560年的苏格兰宗教改革[2]导致修道院没落。到了1580年，用于建造修道院的红石也被转用于建造其他建筑了。无论是用来提醒信友[3]的还是用来警示船只的铃声全都停止了。这座大型修道院的中堂和耳堂都曾被熠熠烛光、贵重金属和珠宝点亮，如今却连屋顶都不见了，向天空敞开着。就算修道院的红色石料刚被凿下时还是血红色的，如今也已风化褪色，就像凿取石料的峭壁一样。

但修道院的没落并不意味着阿布罗斯的没落。在工业革命期间，阿布罗斯借势蓬勃发展，成了黄麻纤维和帆布的生产中心。1839年，港口得到重建和扩建，刺激了渔船的发展。尽管阿布罗斯曾以这样那样的方式快速发展过，但捕鱼配额在20世纪末被限定之后，它的发展态势也许就不如从前那样多彩了。美轮美奂的红砂岩建筑仍然保留在商业街上，但贸易似乎已经不景气，许多酒吧都已关门。修道院地势高，从远处看，它仍然处在阿布罗斯最重要的位置上。

早上9点，我们在码头边集合，双体船"终极捕食者号"就在附近。轮船引擎已经开始嗡嗡作响，粗暴精明的船长詹姆斯也行

---

1 英文单词"bell"的意思是"铃"。

2 苏格兰宗教改革是苏格兰王国在1560年正式与罗马天主教会教皇决裂而产生的一系列改革，众多修道院因此遭到破坏。

3 在天主教弥撒中，辅礼人员会摇铃提示信友做祷告。

动起来，示意我们走下梯子，走进船尾。近五十年来，詹姆斯一直在阿布罗斯港工作，他的主业是捕鱼，有时也做些载客的兼职。尽管捕鱼业式微，但阿布罗斯人并没有停止出海。詹姆斯的兄弟是一名水手，他的儿子在北海的石油钻塔上工作，他的姐妹在港口附近经营一家酒吧。阿布罗斯港口护堤外的水域插满了标示出螃蟹和龙虾捕笼的旗帜，这是当地如今的主要渔获。码头上堆满了捕网，港口来来往往的，都是带着捕网进出渔场的小船。曾经，黑线鳕是当地主要的上等渔获（现在仍然可以购买、熏制这种鱼，熏制好的被称作"阿布罗斯烟熏黑线鳕"）。但詹姆斯说，现在情况不同了，早就没人捕鱼了。

我们一行11人租下了詹姆斯的船，和我结伴的是我的朋友罗兰，一名工业设计师，他带了相机。其他人来自贝尔信号塔博物馆，由他们的经理柯尔斯滕带队。贝尔信号塔博物馆建成于1813年，就在贝尔灯塔建成后不久。这里曾是贝尔灯塔的岸上信号台，里面有供灯塔看守人轮班休息的宿舍，以及一个用来与海上灯塔保持通信的信号塔。现在这里是一座专门介绍贝尔灯塔的博物馆，而贝尔灯塔就在游客可望而不可即的地方俯瞰着博物馆里的展品。柯尔斯滕和她的同事正在策划一个新奇的活动：为这座他们中没几个人见过的灯塔举办一场展览，展示它的理念或是有关灯塔的记忆。她只亲眼见过灯塔一次，尽管从未登上过贝尔礁石，但她已经积攒了丰富的相关知识。

我不知道她再次见到这座灯塔会有何感触，我们中没有人是怀着波澜不惊或无所谓的心态登上船的。与大多数游客不同的是，我们都对贝尔灯塔或多或少有所了解，对即将近距离观赏到的场景都有一些认知。我们缓缓驶离港口，谈论着我们期待看到的景色。大概会有海豹靠在弧形的塔基旁，玻璃做的光学设施大概会在灯笼里安静地转动。驶过破旧的海堤后，船猛地向前冲去，所有人都失声惊呼，音量甚至盖过了引擎的轰鸣。一名船员试图将烟头扔出船外，但烟头被疾风吹了回来。他又试了几次，好像不肯善罢甘休，尽管他的脚边就摆着一个垃圾桶。

这天早上，北海像被打磨过的石头一样光滑，只有我们的船驶过时，才在海面留下了几道白痕。我们的航线和周围的环境都很简单：平静的海面，液氮般寒冷的天空，以及不断放大的灯塔。它立于礁石之上，一直矗立在那里。我们从港口直奔礁石，这是一段以节省时间为主的旅程，没有弯弯绕绕。我很享受这一过程，因为之后的灯塔探寻之旅会更加周折。

船向着大海驶去，我站在船尾望着修道院渐行渐远，但在天空的映衬下，顶部的三角墙和墙顶的轮廓仍十分清晰。南耳堂的遗迹高出阿布罗斯其他低矮建筑一截，尤其显眼。南耳堂原本在十字形修道院较短的一侧，有一扇巨大的圆形窗户，当地人称之为"圆O"。即使离岸5英里，肉眼也能看清这扇窗。詹姆斯告诉我，水手们曾经将它视作航标。他伸手指了指不断远去的海岸线上另外两个地标：教堂尖顶和独特的山丘。他说，拖网渔船在进入远海时，会利用这些地标确定自己的方位。虽然我们乘坐的船上装有电子仪表盘，但听到中世纪的人们在出海时也有一套防迷失方向的办法，多少会让人振奋。

我们握紧扶手走到船头眺望。起初，贝尔灯塔只是一个小小的标记，像一棵插在土里的嫩芽，分阶段地从地平线上冒出来。

船上的人依次传递双筒望远镜，透过望远镜片，我认出了照片里眼熟的特征：露出砖石结构的深色弧形塔基、漆成白色的塔身、浪花飞溅留下的痕迹、突出的入口平台和防鸟网里的灯笼。当我们能够用肉眼看清灯塔时，方才在望远镜里看到的局部便组合在了一起。随着我们与灯塔越来越接近，我们的期待也越来越强烈。

苏格兰在 18 世纪繁荣起来。1707 年，苏格兰与英格兰合并，英格兰免去了苏格兰的贸易关税，并允许苏格兰商人进驻其殖民地市场。随着苏格兰的政治家和贵族搬迁到政治中心伦敦，由律师、医生、牧师、学者、科学家和其他领域的代表组成的新兴中产阶级出现在苏格兰的城镇中。中世纪死板的虔诚让位于强烈的理智和理性，科学和艺术突飞猛进，不再受制于贵族的赞助，而是受苏格兰启蒙运动的推动。这次运动促进了经验主义的发展和社会的进步，造福了整个社会。爱丁堡、格拉斯哥和阿伯丁成为智慧的中心。到 18 世纪末，苏格兰已有五所大学，英格兰却仍然只有两所。在经济繁荣的同时，与英格兰的结盟也让苏格兰对自己有了更清晰的认识。

爱丁堡新城是这种繁荣和启蒙运动的绝好体现。新城是 18 世纪下半叶爱丁堡筹划建设的一片城区，由 26 岁的建筑师詹姆斯·克雷格设计，街道和广场排列成网格状，布局讲究，风格统一，与爱丁堡城堡附近老城里吵吵闹闹的经济住房形成鲜明对比。新晋富商和知识分子不想住在城市的落后地区，那里似乎代表着苏格兰落后的一切，新城因此应运而生，为的是打造与城镇里新兴的知识分子、商人和文明人的生活质量相符的居住区。与 18 世纪英国的其他地方一样，希腊和罗马的建筑为新城的建设提供了建造模板。这种乔治亚时期的新古典主义风格建立在和谐与均衡的古典原则基础之上，完全符合新城居民的新兴启蒙思想。

入夜，铁匠兼灯匠的托马斯·史密斯的作品照亮优雅的广场和大道。史密斯最初在邓迪的一家五金店当学徒，学成后搬到爱丁堡，在布里斯托街自立门户。当时的新城正处在快速发展阶段，对灯具和五金器具的需求激增。在制造城区建设所需的装饰栏杆、烤架、炉箅和刮鞋板之余，史密斯仍有时间进行创新。那时，使用过的油灯会在玻璃外壳留下污垢，降低了照明亮度。为了解决这一问题，他设计了一套反射镜，在金属半球内部附着打磨光滑的银片，以此捕捉散射的光线，更好地聚拢光束。

史密斯的反射镜也在时尚的新城之外找到了用武之地。18世纪末以前，苏格兰的海岸线上基本还是漆黑一片，落后于闪着点点光亮的英格兰海岸线。但是，随着苏格兰的繁荣，从危险的海岸线出海的船只日渐增多，苏格兰对灯塔的需求已迫在眉睫。因此，1786年，一个与英格兰的领港公会职权类似的灯塔管理组织在苏格兰成立。但领港公会是源自中世纪的小团体组织，而苏格兰的北方灯塔委员会是乔治亚时期一个乐于交际的组织，是一个船主联盟，总部位于苏格兰的新城。

1787年，北方灯塔委员会成立一年后，在阿伯丁以北40英里的金奈德角建成了他们的第一座灯塔。他们没有选择建造一座新的灯塔，而是在属于当地地主索尔顿的岬角上改造了一座16世纪的城堡。委员会的许多委员要么在新城生活过，要么与那里的人有过接触，或许都亲身感受过史密斯反光镜的功效。因此，他们请史密斯担任委员会的首席顾问工程师。史密斯接手的第一个项目，就是改建金奈德角的灯塔。在命运巧妙的安排下，史密斯先照亮了街道，又照亮了大海。

但每年都有船只撞上未被标记的贝尔礁石。随着 18 世纪苏格兰经济的增长，经过邓迪港和爱丁堡港的船只数量激增，导致贝尔礁石造成的损失也水涨船高。到了 18 世纪 90 年代，情绪激动的船长和船主纷纷请愿，要求委员会设立助航标志，请愿书在委员会办公室堆积如山。1799 年 12 月，一场特大风暴将许多船只从停泊处吹进北海，迫使船上的人沿苏格兰东海岸寻求避难点。恶劣的天气条件导致许多人在躲避贝尔礁石的过程中在其他地方罹难。这场风暴最终导致约 70 艘船只失事。皇家海军的一名军官和利斯的一名铁匠冒险在礁石上架设过灯标，不过每次灯标刚一装好就立即被海浪推倒。而委员会的委员们却仍在拖延时间。他们要么抱怨耗资太大，要么推说在贝尔礁石上建立灯塔不可能。到 19 世纪初，托马斯·史密斯已为委员会在苏格兰周边建了 9 座沿海灯塔，但还没能在如贝尔礁石那样受到海浪威胁的地方为往来船只解决问题。

虽然当时史密斯正忙于处理新城兴旺的生意和委员会交办的工作，但他已经收了一位认真能干的学徒，这就是他的继子罗伯特·史蒂文森。罗伯特的生父艾伦·史蒂文森是格拉斯哥的一个商人，在西印度群岛因发烧去世。夏天，罗伯特和继父一起为委员会工作；冬天，他在格拉斯哥和爱丁堡大学参加数学和科学讲座。尽管他是一名优秀的学生，但他最喜欢的"教室"，是苏格兰四分五裂、崎岖不平的海岸线周围翻腾的大海。正是这些荒凉的地方，使他的机械学天赋得到发展。随着史密斯年事渐高，史蒂文森越发受人信任，人们相信他能够胜任独自安装镜片、建造灯塔的工作。1797 年，时年 25 岁的史蒂文森接替托马斯·史密斯，成为北方灯塔委员会的顾问工程师。

三年后，史蒂文森首次踏上贝尔礁石。海面平静时，阿布罗斯的渔民会去那里寻找来自沉船的可回收物。有一次，史蒂文森和他的朋友詹姆斯·霍尔丹也一起去了。登上礁石后，潮水给了他们几个小时的时间仔细打量周遭。渔民们匆匆忙忙地在裂缝中搜寻起来，史蒂文森则开始测量并绘制草图。他一直设想着将灯塔建在 6 根铸铁柱上，其原理与 1776 年建成的第一座史莫斯灯塔相同。但此前他对贝尔礁石的地形了解不多，也因为礁石长期浸没在水面下，所以这一计划一直无法付诸实施。现在，史蒂文森亲眼看到了这里的地形。他发现，大潮期间海水退潮时，礁石露出水面的部分足够为岩石建筑腾出一块打地基的空地。对此，朋友霍尔丹也深以为然。当渔民们兴高采烈地从贝尔礁石带走近百公斤的可回收物（如锚、炉盖、门链等）时，史蒂文森也没有空手而归。他收获了一份确定，他确信可以在那块礁石上建造岩石灯塔。

从礁石回来之后，史蒂文森凭借从斯密顿设计的第三座埃迪斯通灯塔中汲取的灵感，制订了一份建造岩石灯塔的方案。两者在外形上有些许不同，史蒂文森围着地基外侧建了一段阶梯，灯塔陡斜的程度也更明显。灯塔内部的变化更大。史蒂文森没有将底部的三分之一建成榫卯结构，而是提出使用标准的砖石结构外加铜钉加固，这削弱了斯密顿方案的强度。他在灯塔的上半部分设计了一些奇怪的房间，房间的造型像削去尖锥的倒置圆锥，天花板比地板还宽。

1803年，史蒂文森以这份计划书为基础，向议会提交议案，提请议会授权建造灯塔，并拨付3万英镑（相当于今天的250多万英镑）的启动贷款。还请求议会授权他向途经大不列颠东海岸港口的船只收取通行费，以此为这项建造计划筹措资金。下议院通过了这份议案，但议案遭到了伦敦法团的反对，因为史蒂文森提出的征税范围太广，他们的商业利益将会受到影响。所以，议案被驳回。

也许因为史蒂文森未能获得议会的授权，北方灯塔委员会的委员们非常泄气。尽管委员们信任罗伯特，但他确实年纪轻轻，此前从未负责过如此大规模的项目。不过，委员们也想听听其他人对罗伯特·史蒂文森的建造计划是否有其他建议。于是他们找到了约翰·雷尼。那时，全英国都知道约翰·雷尼在海洋项目上建树不凡，他设计的港口、桥梁和运河以精心的规划和施工著称。而且，他能够胜任特大规模的项目：1806年，他提议修建宏伟的普利茅斯防波堤，这座大堤长达1英里，横跨普利茅斯湾以保护港口，共用了350多万吨石料。

1804年1月，装有74门火炮的"约克号"在贝尔礁石失事，人们的注意力更是聚焦到了贝尔礁石带来的安全隐患上。全副武装的大型战舰惨烈失事不仅是一场悲剧，对被视为战无不胜的英国海军而言，也是一份令其尴尬的耻辱。若是这块礁石当时被标记出来了，灾难就不会发生。那一年，雷尼和史蒂文森一起登上了贝尔礁石，然后雷尼毫不犹豫地支持史蒂文森建造他构想中的岩石灯塔。

第二份议案于 1806 年提交给议会，请求获得建造灯塔所需的授权和资金。"约克号"战列舰的失事，深刻地改变了参与讨论这一议案的议员的想法。他们对史蒂文森和雷尼进行了详尽的审查。但这一次，经过两院的艰难讨论，贝尔灯塔议案最终获批，并于 1806 年 7 月得到御准。史蒂文森后来回忆起当时的经过时说，他对此感到"非常满意"，但同时也为面前的"重重困难忧心忡忡"。

现在他们可以动工了。但出于对项目规模的考虑，以及对年轻的史蒂文森仍心存疑虑，委员们决定任命约翰·雷尼为贝尔灯塔的总工程师，并指派罗伯特·史蒂文森为他的助手兼驻地工程师，负责监督项目的日常工作。在施工前，雷尼对史蒂文森的初期设计做了重要修改。他改进了灯塔的锥形轮廓，使灯塔重心尽可能落于底部。雷尼坚持按照斯密顿的方法，采用榫卯结构连接砖块搭建塔基，利用坚固的橡木钉固定塔基的上下两端，取代了史蒂文森原来用普通砂浆石搭建塔基的方案。这几处修改使史蒂文森的设计更类似斯密顿的埃迪斯通灯塔，后者的可行性已经在实践中得到了验证。

委员会安排了一艘轻型浮船。这艘船是从普鲁士人手中俘获的，后来更名为法罗斯，以纪念埃及亚历山大城伟大的古典灯塔法罗斯灯塔（也叫"亚历山大灯塔"）。这艘船停泊在礁石西北约一英里处，三个巨大的铜灯笼被固定在 3 根桅杆上，船灯于 1807 年 9 月 15 日首次点亮。同年早些时候，史蒂文森在阿布罗斯建了一座工厂，并从阿伯丁和邓迪附近的采石场采购花岗岩（用于建筑外部）和砂岩（用于内部）。不过，在开始建造灯塔之前，史蒂文森决定先在礁石上搭建临时宿舍，取名为灯塔屋。这样，工人最长可在海上连续驻扎四周，可以最大限度地利用季节性的工作时间。工人的第一个任务，就是为这个奇怪的临时住处挖地基。

1807年8月18日，星期二，史蒂文森和工人首次登上贝尔礁石。那是一个完美的夏日清晨，刚过5点半，东风拂面，海浪静静地拍打着礁石，再过半个小时左右，礁石就会完全露出水面。在他们静待退潮时，船上的乘务员"以朗姆酒款待"兴奋的石匠们。早上6点，潮水完全退去，石匠们满面红光地开始工作。两个小时以后，潮水就会没过礁石，所以他们迅速地凿起礁石来，他们的十字镐是用铁匠的临时锻炉打磨锋利的。早上8点，潮水上涨，淹没了他们刻在礁石上的第一批标记。他们在自己的"斯密顿号"船上等了一整天之后，利用傍晚的低潮期又作业了两个小时。

六天后，工人已为宿舍挖了12个地基洞。在临时住处完工前，工人们一直住在"斯密顿号"狭小的空间里，晕船厉害，有些人靠咀嚼某种特殊的海藻来缓解。建造初期的另一个困难发生在小潮时，这时水位变化最小，礁石几乎无法露出水面。工人们在礁石上敲敲打打时，海水就在他们的脚后跟打转，铁匠几乎点不燃炉子。不过，在史蒂文森眼里，情况多半是这样的：

> 铁匠铺冒出浓烟，铁砧发出锤打声；近处，石匠在劳动，远处，航运船只在移动。这一切都使这块岩石变得更宜居，给礁石增添了生命力与活力。

但是危险随处可见。没过多久，就在九月的某一天，开始潮涨时，"斯密顿号"脱链，漂到了3英里外。但是工人们都太忙，

46

根本没人注意到。礁石上当时共有32人，而礁石旁只剩两艘将人分批从"斯密顿号"转移到礁石上的小船，根本无法容纳这么多人同时逃生。只有史蒂文森看到了发生的情况，如果"斯密顿号"无法回来解救他们，所有人都会溺毙在上涨的海水里。尽管他内心煎熬地盼着"斯密顿号"能回来，却对旁人只字未提，反而泰然自若地为工人安排工作。但是，当潮水上涨，工人放下工具，看向本该"斯密顿号"锚定的地方时，终于发现那里空空荡荡。在史蒂文森的描述中，当工人们意识到发生了什么之后，"所有人都一言不发，似乎都在默默地为自己的生命倒计时……工人们目不转睛地看着我（史蒂文森）……陷入完全的沉默中"。

就在史蒂文森想开口说几句时，一艘船靠了过来。驾船人是詹姆斯·斯平克，贝尔礁石的领航员，他恰巧从阿布罗斯过来给这些人送信。受困的人们显然松了一口气，纷纷挤进他的船顺利回程，此时海水已经翻滚着漫上礁石。对部分工人而言，这一次死里逃生实在太过惊险。第二天，有18位工人请辞了。

到1807年10月末，入冬后的天气日益恶劣，这年的工期结束了。灯塔屋如期完工，成品是一座奇形怪状的十二面木屋，被粗大的橡木柱固定在礁石上，再利用粗铁链进一步加固。灯塔屋的最底层是铁匠的锻炉房和砂浆房，上面一层是厨房，再上一层是史蒂文森和工头的独立宿舍，最上层是工人的宿舍。第二年春天，史蒂文森和工人们回到礁石上准备继续工作时，发现灯塔屋竟完好无损地挺过了冬季风暴，一群鸬鹚还抢先在里面安了家。令人惊讶的是，这座临时搭建的木头房子竟然挺过了整个工程期，甚至熬过了五场冬季风暴，直到1812年才被拆除。

1808 年 3 月，部分工人搬进宿舍，开始正式建造灯塔。他们下一步要做的，是在礁石凹凸不平的坚硬表面造出一个光滑的圆形地基。他们遵循前一年的作息规律，在退潮时施工，共花费了四个月，才挖出一个深 2 英尺、直径 42 英尺、每天被海水淹没两次的圆形石坑。

与此同时，阿布罗斯的石匠院子里也异常忙碌，灰尘漫天飞舞，凿子叮当作响。夏尔马巴锡来来回回从采石场拉回未加工的大块石料，石匠们把这些石块修刻成复杂的、相互咬合的形状。尽管凿刻工作耗时费事，采石场的供应也不稳定，但第一批石料还是在七月初就位了。礁石的石坑也在此刻竣工。史蒂文森在 7 月 10 日写道：

> 我（史蒂文森）在助手彼得·洛根先生（高级工头）、弗朗西斯·瓦特先生（木匠领班）以及詹姆斯·威尔逊先生（石料运送船负责人）的陪同下，用方尺、水平尺和木槌将石头塔基系在渔具上放进礁石坑里，并宣读以下祝词——"愿宇宙间伟大的建筑师[1]宣布竣工并祝福这座建筑"，在场的人们热烈欢呼三声，为灯塔未来的成功运作发出最激动的喝彩。

1824 年，灯塔建成十三年后，史蒂文森出版了详尽、全面的

1　诞生于英国苏格兰的资本家共同体联盟共济会，在其宪章中将上帝称为"宇宙间伟大的建筑师"。

《贝尔灯塔施工实录：宏伟建筑的建造细节与特殊结构》（以下简称"实录"）一书。这本640多页的插图版大部头用紧密排列的文字，讲述了人们所能想到的建造过程的方方面面，包括抬升石料的起重机的齿轮是如何排布的，还包括史蒂文森在礁石上面对工人讲话前，如何从岩石池里掬了一捧水润喉。这些事无巨细的叙述，反映出史蒂文森作为一名工程师的周全缜密。阿布罗斯工场1807年的材料清单上，列出了建造灯塔所需的全部材料，包括11把石斧、54张吊床和5个钉孔。但史蒂文森不是一个锱铢必较的理财人，在建造灯塔的各个阶段，都能看见他祝酒的身影，由此可见，他对庆典活动游刃有余，对工人关怀备至。

《实录》一书用精美的版画展示了19世纪建筑工地的场景，书里附有这座灯塔在每年工期结束时的施工进度。刚开始，灯塔的建造进度很慢。1808年9月的一幅版画显示，当时的灯塔还只是一个高5英尺的圆形石台，由三层宽砖石砌成。由于这一部分需要的石料最多，所以建造这一部分耗时也最长。戴着帽子、穿着马裤的工人四处走动，打着手势，操纵着起重机，将石块放到正确的位置上。

潮水上方，还有一条用柱子支撑的海上铁轨，这可能是世界唯一一条。这条铁轨绕地基半圈，帮助工人快速卸货。铁轨从登陆点延伸到灯塔底部，工人从船上卸下货物，装进手推车运送。这条铁轨的运作是真正的超现实主义，因为这条运行中的铁轨（尽管上面没有火车）会被海水定时淹没。灯塔建成后，这条铁轨被用作堤道，并在1917年得到修缮。值得一提的是，铁轨至今仍在使用。

史蒂文森和他的团队现在已经全面了解了如何在不遮风、不避雨的地方动工。一幅1809年的版画展示了一种非常高效的工作方式：石料通过船只被运送到礁石上，通过铁轨被运送到灯塔，最后再通过起重机抬升到不断拔高的建筑顶部。链条、绳索、绞盘和滑轮在建筑工地上交织成一张网，一条绳索走道将灯塔屋和灯塔建好的部分连接起来，工人们不用走上礁石，就可以穿梭于两者之间，因此，即使在涨潮时也能继续工作。你几乎可以听到那些戴着帽子、穿着马裤的工人卖力干活的喘息声，机械装置里圈圈绕绕的铁链时不时发出的敲击声，与海豹的叫声交织在一起。到1809年8月，灯塔底部的三分之一，即灯塔坚实的塔基竣工了。因为塔上面是屋子，需要的石料就少了。到1810年7月，塔高已达

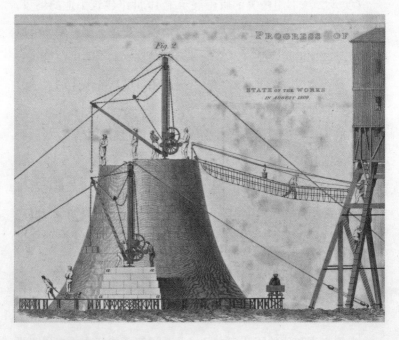

4. 施工中的贝尔灯塔，1809年

80英尺。这一阶段在版画中呈现出的是灯塔即将完工时的剖面图，平台的砖石墙已经建好，之后大铁灯笼会被安置其中。在灯塔和灯塔屋之间，有一座坚固的木桥，一小桶砂浆晃晃悠悠地悬在半空。四台起重机把石料吊起，将它从地面一直抬升到平台。

塔顶停着一台精巧的平衡起重机，用来抬升最后一段距离。它看起来像一个超大的木制十字架，在交叉处装有互相咬合的齿轮。这是世界上第一台塔式平衡起重机，是建造贝尔灯塔的绝妙辅助产品。类似现代用于建造摩天大楼的高层垂直起重机，这台起重机也被固定在塔顶抬升重石，根据起吊重量的不同，起重机横梁施加的平衡力也随之调整。木匠领班弗朗西斯·瓦特设计了包括这台起重机在内的其他起重机，以及上文所说的铁轨。除了被史蒂文森称道的"热情和无畏"之外，人们对这位善于解决问题的能人知之甚少，但他的发明为灯塔的建造提供了技术手段，也减轻了工人的劳动强度。

尽管这些版画栩栩如生，但画中的礁石都太过平静了。事实上，大海凶猛地涨潮又退潮，周而复始，扰乱着工作进程。1809年6月，海水淹没了铁匠锻炉房和砂浆房所在的平台，把所有东西都冲走了。强风把灯塔屋里的人从椅子上或床上吹得摔下来，所有人都精神紧绷。"他们感觉屋子里阴暗极了，狂风就在他们耳边肆虐，海浪又一次猛烈地拍打着这座与世隔绝的建筑的房梁。"在年轻的铁匠查尔斯·亨德森从绳梯上失足跌落溺亡之后，史蒂文森写下了这段话。在整个建造过程中，仅有五人因意外去世，虽然这令人痛心，但也证明了史蒂文森的策划之精细，对工人的看护之周全。

1810 年，伴随着劈入海面的闪电，工人们顶着雷雨在被海浪猛击的塔基上铺设完毕灯塔的第 51 层和第 52 层砖石。登上过礁石的游客一定会觉得史蒂文森和他的团队是一群巨人，就像他们居住和施工时踏踩的礁石一样坚韧。约翰·雷尼显然忙于其他工程无暇分身，在 1807 年至 1811 年只登上过礁石两次。作为总工程师，他参与并决定灯塔的设计，但史蒂文森和现场的工人才是真正地完成日常艰险施工的人。从这个意义上说，在远离大陆的海上建起灯塔的不是雷尼，而是史蒂文森。

1810 年下半年，施工的步伐加快，迈过了几个关键的里程碑：7 月 30 日，最后一块石头——灯室的门楣——被大张旗鼓地装上。10 月 15 日，铁灯笼安装完毕。10 月 27 日，贝尔灯塔的最后一扇窗户装上了玻璃。不过，不同寻常的是，最后这一道程序并没有得到任何形式的庆贺（相比之下，几天前镀金的球体被拧到灯笼顶上时，附近的船只倒是鸣了七声礼炮）。自此以后，这座砖石外壳的建筑严丝合缝，真正地可以居住、可以抵御各种灾害了。

他们做到了。堪称完美的岩石（花岗岩及砂岩）灯塔高 115 英尺，塔身越往上越细，塔基每天被潮汐淹没两次。从下到上有一间食品储藏室、一间燃料储藏室、一间卧室、一间厨房、一间图书馆和一个灯笼。它像旗杆一样自豪，像扶壁一样结实，像雕像一样稳固，矗立在伤痕累累的丑陋的礁石上。史蒂文森和他的团队返回阿布罗斯时，受到了英雄凯旋般的礼遇。

两个世纪之后，我们懒洋洋地坐在船里，绕着礁石欣赏建成的灯塔。船在水流中打转，船尾的引擎安静地振动。詹姆斯时不时操纵控制台，调整位置，尽他所能地靠近礁石，使灯塔留在我们视线范围之内。周围的大海和天空融汇成同一种蓝色，海面风平浪静，足以让我们听到海浪拍打砂岩和岩架的声音。海豹气势汹汹地盯着我们的船，因为我们不请自来，它们觉得受到了冒犯，鸬鹚则在半空中傲慢地看着我们。我们到了。

瓦特的铁轨被改造成了一条金属走道，铺设在支柱上，从灯塔底部延伸到礁石上。在风平浪静的时候，人们可以从这里走上礁石。部分红色砂岩露出水面，乍一看像没有威胁的海洋垃圾。但如果你意识到这块礁石的大部分其实掩藏在海面之下，你就不会这样认为了，甚至在离灯塔有一段距离的地方，它的暗影还若隐若现，暗礁的末端有一根做标记的锋利铁杆。

灯塔底部的造型呈巨大的钟口状，使人联想起最初修道院在

5. 贝尔灯塔，2017年

暗礁上安装的警铃发出的警告钟声。这一部分的深色花岗岩没有上漆，连接处看起来和最初建成时一样严丝合缝。塔身像竖井一样向上伸展，被涂成纯白色，有些地方留有污渍，是从窗户洒下的液体留下的（可能是住在塔里的人泼下的咖啡和尿液），有些地方有烧痕（20世纪80年代的火灾留下的），一侧还有一大条墨绿色的浪痕。在白漆底部的位置上，有一个金属平台，那里是灯塔的入口，有一段台阶弯曲向下，与下方的石头塔基相连。六扇窗户沿塔壁依次向上排列，直到灯笼走廊下方。

灯塔从下至上的建造比例似乎都很完美。史蒂文森和雷尼是在乔治亚时期动工的，或许有意无意地受到了古典设计尊崇的和谐与均衡理念的影响。大多数的岩石灯塔都有着类似的轮廓，从底部到顶部向上弯曲，但每一座灯塔的曲线坡度都有所不同，有的灯塔会从倾斜的底部突兀地过渡到垂直的上部。受古典思想的影响，贝尔灯塔的轮廓非常平滑。我甚至不得不提醒自己，在北海发现这么一座乔治亚风格的建筑，是多么的非同寻常。现存的岩石灯塔只有少数是在这个时代建造的，大多数建于后来的维多利亚时代。与后来的灯塔相比，贝尔灯塔规模稍小，尺寸更适中，证明了它是帆船时代的产物，而不是蒸汽时代的产物。我观察得越久，越能感受到贝尔灯塔显现出的成熟美，任时间流转，它如脚下的石块般岿然不动。

灯塔顶部有一种圆形的檐口，造型十分优雅。檐口上面就是阳台，环绕着圆顶灯笼。几排现代的长方形金属柜排列在阳台上，一侧有一块太阳能电池板，还有一张巨大的网，这是后来加装的，目的是罩住灯笼，防飞鸟撞击。灯笼里的玻璃光学元件比预想的要小，不像可以达到 18 英里灯光射程的大小。元件从早到晚一刻不停地旋转。在史蒂文森的时代，驱动它的是齿轮发条，现在驱动它的是太阳能电池，由一种形式的光变成了另一种形式的光。

夜晚的贝尔灯塔是一种警示，但在白天则是一座纪念碑。詹姆斯船长走出驾驶台，向我讲述 1995 年发生的一件事。当时，阿布罗斯的所有渔船都来了，渔民将渔船停在礁石附近，乘坐接驳船来到灯塔前。聚集在此的有渔民、当地政要、商人以及其他权贵。听起来有点像某种庆典，不过詹姆斯没有具体讲述集会的原因。与大多数纪念碑不同的是，这里很少举行集会，而像我们这样的小型观光团更为常见，不过我们乘坐的"终极捕食者号"上的氛围也十分肃穆。从某种意义上说，岩石灯塔因不为大多数人熟知而具有纪念意义。我们不太清楚在它面前该如何表现，满心只有崇敬之情。

我和罗兰开始记录这段旅程。我们打开麦克风、相机、拍摄设备，利用我们这个时代的设备记录贝尔灯塔。但照片无法充分表现这座建筑的风采，你需要脚踩摇晃的轮船，需要感受灯塔之静与周围环境之动的对比。你一定要渡过激荡的海面，来到这座极其稳固的砖石建筑前；你一定要亲身感受海风和激浪带来的凉意与水花，感觉备受折磨，在躁动不安的王国里孤立无援。只有这时，你才能充分理解贝尔灯塔，感悟镜头捕捉不到的意义。

当然，詹姆斯船长早已对此司空见惯，他笑眯眯地看着我们对灯塔肃然起敬。我意识到，他是我们船上唯一走进过灯塔的人，于是向他打听灯塔内部的情况。"太了不起了。"他留下这句话，就回到驾驶台前去了。

借用维多利亚时代的"少年文学作家"罗伯特·麦可·贝冷丁的话说，贝尔灯塔最高处的房间是"建在极其特殊的位置上的奇特房间"。1865年，他在罗伯特·史蒂文森设计的这间图书馆里住了两周：

> 它是客房，有时也被称为"陌生人的房间"……它的装潢风格与女士的闺房无异，房内有一块土耳其地毯、几把漂亮的椅子和一张精雕细琢的橡木桌，木桌由一根中心支柱支撑，形似三只互相缠绕的海豚。圆顶天花板上过漆，显出灰泥镶板的图案，隔墙是橡木镶板，足以放下一个书架……屋内还有一张精心设计的床架，白天可以折叠起来，收进看不见的地方……中心窗户的侧面和顶部装饰着大理石，窗户上方立着引人注目的灯塔工程师罗伯特·史蒂文森的半身像，下方是一块大理石板，上面记载着史蒂文森设计和施工阶段采用了什么技巧、付出了多少精力。

尽管史蒂文森本人对灯塔内部的设计较为收敛，但也确实在《实录》中记载了有关这间图书馆（或称之为"陌生人的房间"）的一些细节。天花板上，悬挂着仿照罗马或希腊原版风格设计的古铜灯。室内家具都是爱丁堡的威廉·特罗特先生设计的，他紧跟时尚潮流，是新城普林斯街著名的橱柜制造商。墙壁和天花板上的人造镶板，出自阿布罗斯当地一位名叫麦克唐纳的先生之手。室内装修由史蒂文森的专用木匠詹姆斯·斯莱特和亚历山大·斯莱特负责，他们还为灯塔的石质榫卯结构制作了木质模型。

　　在这样一个地方，在这样一座建筑里，有这么一间房间，可以说是非同寻常的。在贝尔灯塔之前的六座岩石灯塔中，没有任何一间房间与之类似（亨利·温斯坦利在第一座埃迪斯通灯塔中建的"镀金卧室"例外）。在先于贝尔灯塔建造的其他灯塔中，最多也只有四间装修简陋的房间，守塔人只能待在艰苦的环境中。相比之下，史蒂文森的"陌生人的房间"布置得和新城的任何一间客厅一样巧妙。它似乎要向人们传递一条信息：贝尔灯塔不仅可以驯服海洋，还可以教化海洋。

6. 陌生人的房间，罗伯特·麦可·贝冷丁绘于1865年

灯塔里的其他房间显然布置得比这一间更为朴素，橡木家具和隔板墙风格简朴但制作精良。"陌生人的房间"之所以更为复杂，是因为这是专供委员和其他访客休息的，或者说是为了给"陌生人"休息用的（"陌生人"包括诗人沃尔特·斯科特、罗伯特·骚塞，当然还有贝冷丁）。守塔人可以偶尔使用这个房间，因为房间里存有许多书籍可供他们学习，"大多数是历史书籍，记载了一些伟大的航海事件"。其他时候，委员和雇员间保持着严格的等级区别。史蒂文森后来说道，委员"既不应坐在火炉边，也不应坐在被派去照料灯塔的人的桌子旁"。因此，当委员来访时，他们就住进这间豪华房间，守塔人则在下面简陋的住处将就度日。

1952 年，这个房间的圆顶得到仔细修复，让人感觉贝尔灯塔里的生活方式自史蒂文森的年代起几乎就没有变过。但仅仅十多年后，在灯塔变得现代化的 1964 年，人们的态度就完全改变了。光源从石蜡变为电能，这需要在塔底原先的库房里安装发电机。原本的厨房变成了储藏室，上面的卧室被翻新；"陌生人的房间"变成了回忆，房间里精致的圆形家具被丢弃，优雅的空间变身为现代厨房和起居区。如此一来，贝尔灯塔失去了原有的新城风格，变得更像一台机器。没能留住这块独特的空间是一个悲剧，因为其实只需要一点巧思，就能让新的和旧的，甚至在海上的事物和谐共存。

曾经的"陌生人的房间"为那个时代的重要人物服务，同时也体现了史蒂文森的雄心壮志。施工还在进行时，他就清楚地意识到，这座灯塔的成功将会是他在建筑工程领域建立名声的良机。"陌生人的房间"为罗伯特·骚塞、沃尔特·斯科特等贵宾提供了一种娱乐方式。灯塔落成之后，史蒂文森成为爱丁堡私人宴会上的常客以及学术期刊上的名人。他从爱丁堡起步，那时的他还只是继父托马斯·史密斯的学徒，负责把铁器装配到新城洁净的建筑上，一边为街道提供照明，一边学着当工程师。然后，他成了一名商人，在得到启蒙的爱丁堡市民的客厅和前门之间奔忙；现在，他创造了一间有个人风格的客厅，一间极佳的客厅。只不过，它在离岸11英里远的海上。

在爱丁堡的学徒生涯，教会了史蒂文森如何从现有技术中推陈出新。他完善了继父设计的反光镜——那些点亮新城的半球形镜面圆盘，并将之用在贝尔灯塔的建造上，在灯塔灯笼里的一个旋转吊灯上安装了24面这样的反光镜，每一块铜盘都被锤打成抛物面，面上涂有银化合物。他运用的原理和他继父用的相同，但涂银抛物面射出的光亮度更高。正如灯塔在落成通告中所言："从远处看，灯塔的亮光像一颗一等星。"

"陌生人的房间"和灯塔里新出现的绝妙光线都表明，史蒂文森已经脱颖而出，远离了他在新城的早期生活。灯塔使他声名鹊起，他还将继续打造一个苏格兰灯塔工程师家族。他的儿子艾伦、戴维和托马斯都继承了他的衣钵，他们的岩石灯塔建造成就与其父亲的杰作不相上下，甚至青出于蓝而胜于蓝。当然，其中最著名的，就是艾伦在苏格兰西海岸12英里外的斯凯里沃尔礁上建造的岩石灯塔。他的侄子罗伯特·路易斯将之称为"深海灯塔中最宏伟的一座"。这座了不起的灯塔在各方面都胜过贝尔灯塔。比如，它的各种施工问题都得到了解决；再比如，它使用的光学仪器质量超群，是艾伦与法国光学工程师奥古斯丁·菲涅耳合作研发的。

史蒂文森是否实至名归，取决于贝尔灯塔是否由他独立建造。可惜事实并非如此。虽然他确实在几乎不可能的情况下以极高的标准建成了这座灯塔，这部分功劳的确应归于他，但是，约翰·雷尼也起到了重要的远程监督作用。

　　雷尼对史蒂文森的设计做了重大修改，并作为总工程师授权批准每个阶段的工程。但史蒂文森在1824年出版的《实录》一书中却很少提到这些。两人都去世以后，他们的儿子为贝尔灯塔的主设计权归属争执不休。人们最初站在史蒂文森一边，但近来业界在重新评估这一段历史时，将雷尼放在了更平等的地位上。罗兰·帕克斯顿教授和戴维·泰勒的重要研究，已经充分证明了雷尼对灯塔的贡献。

　　这件事的关键，或许不仅仅是一座灯塔的设计归属权，而且是其他的归属权。这座灯塔不单单证明了这两名工程师的个人能力，它背后的潜台词其实是民族主义。它证明了苏格兰有能力用灯塔照亮苏格兰海岸线上最危险的海域，有能力建一座比英格兰人或爱尔兰人建的任何灯塔都更好的灯塔，有能力在与他们点亮的礁石同样危险的礁石上建一座灯塔。尽管苏格兰已经与英格兰结盟，但贝尔灯塔充分体现了苏格兰对自身新形象的真切感受。设计和建造这座灯塔的工程师是苏格兰人，是在新兴的苏格兰英才中心接受过教育的苏格兰人。

　　登上礁石的前一晚，柯尔斯滕曾带我参观贝尔信号塔博物馆。我爬上了那座以其名称为博物馆命名的灯塔，发现塔内有精美的圆形房间，里面的乔治亚时代镶板和木制品完好无损，仿佛是已经消失的"陌生人的房间"发出的最微弱的回响。

柯尔斯滕曾为我在博物馆安排过一场演讲,是在三月一个周五的雨夜。对我这位名不见经传的作者而言,当晚的听众数量已经非常可观。我们还在摆弄投影设备时,几排座位上就已经坐满听众。虽然总共也就 25 个人,但在演讲开始前,我仍然十分紧张。我意识到,有些听众可能比我更了解雷尼、史蒂文森和贝尔灯塔。所以,我对此只是简要带过,将重点放在英格兰和爱尔兰的灯塔上。

演讲结束后,许多听众交流了他们的想法。这些听众大多数住在阿布罗斯,年龄跨度相当大,来自各行各业,但每个人都和贝尔灯塔有着某种联系,每个人都有各自关于灯塔的故事。一位女士告诉我,每当在夜里失眠时,她就会看着灯塔闪烁的灯光。一名曾经的记者说,自己曾为了执行一项特殊的采访任务,登上过有人看守的灯塔。一名学者告诉我,他的祖上是运货船的船长,负责将石料运送到贝尔礁石。一位老者向我展示了他捐赠给博物馆的一个灯塔微缩模型,比例相当精确。我问他登上过礁石多少次,才能把模型制作得如此有模有样。他目光熠熠地望着我说,一次也没有,全凭记忆。

他并不是指自己的记忆,而是其他人的记忆:史蒂文森事无巨细的(后经证明是片面的)《实录》、游客的文章和图片、博物馆的展览,以及流传了两个世纪的民间传说。凭借着如此庞大的记忆,贝尔灯塔实际上就像一幅全息影像似的存在于陆地上。尽管它远在海上,但是人类已经拥有诸多关于它的数据,不用走上礁石也能对它了然于胸。

交流结束后,我和柯尔斯滕一边收拾座椅,一边聊天。柯尔斯滕对我说，这里的人们都对贝尔灯塔充满自豪感，甚至那些从未来过博物馆的人也不例外。他们可能与灯塔没有任何关系，甚至也不曾近距离观察过灯塔。但是那遥远的一点，那遥远的闪光，的确意味着一些东西。阿布罗斯对苏格兰意义非凡，14世纪，苏格兰人民在此首次宣布独立，脱离英格兰。五个世纪以后，贝尔灯塔首次点亮海面。建造和维护岩石灯塔，是对一个国家建设工程的考验，因为费用高、难度大，需要不断完善。苏格兰通过了考验。尽管曾有人对它的设计归属权争论不休，但它确实体现出了正在崛起的苏格兰令人瞩目的形象，得到了当地人和学者们的共同敬慕。

不过，贝尔灯塔还有另一层更深刻的含义。岩石灯塔是宽容和利他主义的象征，是向需要帮助的人提供援助的象征，而不在意求助者的国籍如何。民族主义如果过了头，可能导致分裂，但岩石灯塔传递了共结友好的信息。灯塔不是那种独善其身的建筑，而是向外敞开胸怀。贝尔灯塔或许可以纪念一个觉醒的苏格兰，但这座灯塔本身是为大海带去光明的，而大海与国家地位无关。

豪博莱灯塔

处在交界的灯塔

1824 年

位于爱尔兰卡灵福德湾

> Lough：爱尔兰语，同苏格兰语"Loch"。＜名＞湖；
> 狭长的海湾，尤指狭窄的或被陆地部分包围的海域。
>
> ——《牛津英语词典》

阳光下，灯塔外的一方水面波光粼粼。我从明晃晃的室外走进花岗岩灯塔，一边慢慢走，一边适应室内昏暗的光线。这个房间更像是牢房，装修得十分简陋。一个红白相间的救生圈挂在未上漆的弧形石墙一侧，一把扫帚抵在另一侧，一条粗绳子从木闩上散开，垂落在圆形地板上，布满灰尘的门槛上有几个脚印。我隐约听到和我同行的人在灯塔上层闲逛，发出"啪嗒啪嗒"的脚步声，塔楼里已经很久未有过这样的回声了。如今很少有人参观豪博莱灯塔，但在历史上并非总是如此，这里曾接待过牧师、飞行员、英国皇家海军，当然，还有守塔人。

我沿着陡峭的铸铁螺旋楼梯，登上灯塔的第一层，靴子踩下的声音"咚咚咚"地在上方的楼层回响。我走进一间光秃秃的圆形花岗岩石室，里面没有任何生活设施，也没有任何家具，气味潮腐。这座灯塔自 20 世纪 60 年代停止使用，空气中弥漫着一种闲置已久的气息。圆形地板上四处是脱落的油漆，灯塔的窗户像中世纪楼梯塔楼的窗户一样小，阳光勉强照进室内。盐渍糊住了玻璃，看起来已经有一段时间没清洗过了。一只鸬鹚停在塔楼外的一个窗台上，警惕地看着我，对我的一举一动充满戒备，尽管和我同行的人们几分钟前才从这里经过。一番判断后，它觉得我没有威胁，于是飞回雏鸟身边。

近距离观察，墙壁和地板并不像乍看时那样普普通通，我能看出模糊的轮廓，似乎是很久以前就被移走的生活设施留下的痕迹。我或许可以借此推测这个房间从前的用途，如果灯塔是一个完整的故事，那么这个房间则构成了故事中的一部分情节。但是我的时间有限，可供我在墙上寻找生活痕迹的时间只有 3 个小时，因为 3 小时后海水就会涨潮，我们就要乘船返回。我不想被困在这里。

岩石灯塔不仅用于标记危险的水域，也用于标记两国交界之地。它们矗立在两块领土之间，其中一些位于国与国的水域间，另有一些靠近大陆架与外海的交界处（即以惊险出名的"深海平原"）。还有一些，比如爱尔兰豪博莱灯塔，建在离陆地更近的地方，有的建在海岸上，有的建在海湾里，也就是建在浅滩和深海之间，就像在陆地尽头与海洋起点一样。

豪博莱灯塔位于卡灵福德湾，向外延伸便是爱尔兰海。这片深水湾原是冰川峡湾，是北爱尔兰与爱尔兰共和国之间一片辽阔的海域。水湾两岸群山耸立，山脚的土地上留有从前农牧业制度的痕迹，周围分布着几小片耕地和废墟。这块区域广阔但荒凉，约 10 世纪时，维京殖民者以 "carlingford" 为这里命名。这个单词源于维京语 "kerlingfjorðr"，意思是 "女巫的狭窄入海口"。因此，空气中似乎有着强大的魔力，很容易使人产生联想，认为有水神栖身于此。

在所有岩石灯塔中，豪博莱灯塔的史料记载最零碎、最不完整，豪博莱灯塔也因此仿佛处在现实与神话之间。有关它的设计与建造的关键史料都已经丢失，或许根本就没有存在过。奇怪的是，有关岩石灯塔的书籍中也都未收录这座灯塔。各种档案材料中对它的描述也都十分模糊，或只是一笔带过。我问过的人几乎都从未听说过这一座灯塔。

从卡灵福德湾东侧尽头的海面出发，经过一条运河，便可以到达卡灵福德湾西侧尽头的内陆城市纽里。18 世纪的纽里繁华兴盛，卡灵福德湾则是繁忙商船航线的起点和终点。但是这条航线却危机四伏，船只安全行驶并不容易，必须小心地紧靠有标记的航道航行。1821 年，爱尔兰渔业委员会的测量员亚历山大·尼莫到入海口勘测地形，留下了如下能勾起回忆的航海指南：

> 要进入卡灵福德湾，需要在涨潮时从小豪博莱礁上的新灯塔豪博莱灯塔向东航行，该灯塔西北微西方向为布洛克岛，偏北方向是格林堡。从灯塔向东航行即可见半根电缆，北微西方向是基洛文教堂，一座没有烟囱的白色建筑。航行时要保持基洛文教堂在格林堡的西北侧，绿色护城河的外侧。避开斯卡角和索尔哲斯角。当看到布洛克岛西侧的巴拉根点角时，向格里诺尔角和卡灵福

德堡行驶。当新灯塔在布洛克岛的东侧时，避开西普岩，格林岛西侧的旧灯塔，这有助于你避开厄尔岩的浅滩。

许多船只进港时会在诸如小豪博莱、布洛克岛、西普岩和厄尔岩等地方触礁搁浅，仅在 1798 年至 1820 年，就发生了超过 20 起沉船事故。这一惊人的失事率影响到了卡灵福德各港口的繁荣。卡灵福德岩横亘在卡灵福德湾的入口处。这是一座砂石覆盖的巨型石灰岩暗礁，在 19 世纪开通新航道前，船只只有等到涨潮时才能穿过这里。1821 年 1 月，"希望号"帆船在此触礁沉没。一天后，"友谊号"也在此搁浅。

尼莫的勘测结果为水手们提供了一个个重要的地标——"格林堡""没有烟囱的白色建筑"——白日里，水手们可以据此安全航行。但是在夜里，进港的航道依旧没有任何标记。为了保护这条航线上日益重要的交通安全，1803 年，入口北侧的克兰菲尔德角建起了一座陆上灯塔。虽然它标出了海港的入口，但未能标明海港中危险礁石与浅滩的潜伏地。就在克兰菲尔德角的灯塔启用一年后，单桅帆船"吉祥号"也在此触礁失事。

因此，1817 年，纽里的商会联盟游说都柏林压舱物委员会（以其称量船只货物的职责命名，后负责爱尔兰的各种助航任务）取缔这座位置糟糕的灯塔。正如所料，由于日积月累的海岸侵蚀，这座灯塔最终倒入海中。

委员会被说服，委派他们的工程师及灯塔检查员乔治·哈尔平在海湾入口处设计建造一座新的岩石灯塔。1821 年，尼莫在进行勘测时，小豪博莱（即现在所说的豪博莱礁石）上正在建造这座"新灯塔"。豪博莱这个名字不同寻常。乍一听，我以为是水手的行话，可能和古老的水手号子《拉绳索》有什么联系。但事实并非如此，"haulbowline"一词与"lough"一样，也是外来词，源于古挪威语，意思大概是"鳗鱼出没的地方"。

虽然还有比豪博莱礁石更巨大、更危险的礁石，但这块面积相对较小的礁石对过往船只的安全却是一个更大的威胁，因为它距离航道最近。因此，新灯塔的选址就定在此处。这块礁石在高潮时距海面有12英尺，只有在大潮时才会完全露出，因为大潮时的高潮很高，但低潮也很低。

豪博莱灯塔于1824年竣工，塔内的煤油照明装置于当年9月1日被点燃。当时，豪博莱灯塔是继1759年约翰·斯密顿的埃迪斯通灯塔、1795年塞缪尔·怀亚特的朗希普斯灯塔、1797年托马斯·罗杰斯的南岩灯塔、1811年雷尼和史蒂文森的贝尔灯塔之后，英国和爱尔兰水域上的第五座岩石灯塔。与开创性的埃迪斯通灯塔和贝尔灯塔一样，豪博莱灯塔也是一座圆锥形花岗岩灯塔。1848年，罗伯特·史蒂文森的儿子艾伦将之称为"爱尔兰海岸最著名的灯塔"。

但是这座非凡的建筑究竟是如何设计建造的，我们却一无所知。没有人留下任何有关豪博莱灯塔的原始档案，图纸、成本、工程进度、合同、建造者的叙述等材料通通缺失，也没有任何关于地基建造、石料切割、建筑结构或内部装饰的信息。哈尔平本身是一名监工，有些学者认为他或许不需要图纸，大多时候是直接给承包商下达口头指令（这倒也不无可能，在最近播出的一集《宏大构想》中，一位男士在不需要设计师和图纸的前提下，成功修复了一座爱尔兰城堡，让主持人凯文·麦克劳德大为困惑）。还有学者认为，这些记录应该是1867年助航任务由都柏林压舱委员会转交给爱尔兰灯塔委员会时遗失了。

如今留给我们的，只有豪博莱灯塔本身。我能找到的最早的图像是福利·维里克船长于1895年所绘的一幅风景画。他在其指挥的军舰"海马号"的甲板上绘制了海岸线以及入海口的地形地貌。虽然这幅画对航海大有裨益，但在帮我了解豪博莱灯塔方面几乎毫无作用，因为画面上的豪博莱灯塔静静地立在水中，像后面隐隐约约的群山一样神秘。

如今，英国和爱尔兰境内仍在运作的岩石灯塔中，豪博莱灯塔是第二古老的。史蒂文森家族也建造了许多古老的灯塔，但他们留下了详细的档案，与哈尔平和豪博莱灯塔形成了鲜明对比，后者始终名不见经传。大多数后来的出版物几乎都没有提到豪博莱灯塔，甚至道格拉斯·黑格和罗斯玛丽·克里斯蒂1975年出版的灯塔领域著作《灯塔：建筑、历史和考古学》都未收录这座灯塔。

当然，史料的缺失的确有可能导致豪博莱灯塔不为人知，但地理位置或许也是它被湮没无闻的原因。首先，与其他岩石灯塔相比，豪博莱灯塔在海面上的位置并不引人注目，只是处在入海口而已。如此一来，如果只是统计海中的岩石灯塔，人们就很容易漏掉它。或许更重要的一点是，自20世纪20年代以来，这座灯塔就一直矗立在爱尔兰的边境线上，这条边境线的东端跨过了豪博莱灯塔所在的水湾。与贝尔灯塔不同，豪博莱灯塔的归属国更加模糊。

7. 于皇家海军"海马号"上绘制的豪博莱灯塔，1895年

　　20世纪60年代至90年代，吞没豪博莱灯塔的不仅有海浪，还有"北爱问题"。在这段游击战期间，随着英军、爱尔兰共和军和阿尔斯特忠诚主义者之间的冲突升级，灯塔所在的边境线成了一条日渐分裂两地人民的界限。武装冲突对灯塔爱好者是相当沉重的打击。我后来发现，在这期间，豪博莱灯塔也没能逃过一劫。直到21世纪初，来这里参观才真正变得完全安全。

　　由于没有任何关于这座建筑的记载，所以，走进去一探究竟似乎显得格外重要。我想看看是否能从灯塔的墙壁、地板、天花板、设施和配件目前的状态中获得什么信息。幸运的是，豪博莱灯塔如今的管理团队爱尔兰灯塔委员会非常乐于助人。因为灯塔位于平静的海湾，所以很容易乘船抵达，我可以借着委员会例行维护的机会跟他们一起登上灯塔，而无须任何专业的培训（有些灯塔需要乘坐直升机才能进入）。豪博莱灯塔不仅具有被遗忘的事物共有的引人深思的魅力，而且仍然是 21 世纪的助航工具。

　　我将起点选在劳斯郡的格里诺尔。这一小块地上有一片房屋和一个深水港口，位于卡灵福德湾南岸，伸向入海口。1830 年，这里十分繁荣，建有一座陆上灯塔，引导船只入港，不过现在已经废弃。1873 年，伦敦西北铁路公司开通铁路网接驳渡轮，让这里成为从爱尔兰到伦敦的起始站。20 世纪 50 年代，这里停止客运，但货运迅速登上舞台。1963 年，这里成为爱尔兰共和国第一个处理集装箱的港口。各类不同型号的装箱货物在这里经过统一的货物"单位"调整，被方便快捷地运往世界各地的港口。

　　我将从这个港口出发前往豪博莱灯塔。虽然这地方现在萎靡不振，却有着一段充满异域风情的过去。1964 年 2 月，在特立独行的音乐经纪人、伦敦苏活区商人罗南·奥拉伊利的要求下，一艘重达 702 吨的丹麦客轮锚定在此，并被改装成一艘无线电通信船。这艘最初被称作"弗雷德里夏号"的船只，也就是后来海盗电台卡洛琳电台使用的"卡洛琳号"。该电台位于费利克斯托附近的海域，集结了一众叛逆的打碟师，电台颠覆性的广播节目在"摇摆的 60 年代"[1]打破了唱片公司和英国广播公司的垄断。

　　但是，当我在一个周一的早上到达那里时，格里诺尔似乎已经停摆多时。所有的房屋里面都没有灯，起重机静止不动，尽管

1　指 20 世纪 60 年代中后期以伦敦为中心的一场文化运动，推崇新潮事物与享乐主义。

这里是港口，却似乎缺少了打造繁荣贸易路线所需的起重机运转的噼啪声。我按照指示，在一个废弃的停车场里等待一个名叫米克·奥赖利的人。

这次的见面安排有些神秘。前一天，我还在卡灵福德湾南端的诺曼式建筑风格小镇卡灵福德等待通知，因为豪博莱灯塔之行能否成行取决于天气是否晴好。那时我不知道我会和谁见面，也不知道会在哪里见面。镇上的接待条件很差，而我也曾担心接不到可以出行的电话通知。晚上 8 点过后，我在一家名叫奥黑尔的酒吧点了一杯黑啤，然后就看到语音信箱里有一条未读消息。一段男声简短地指明了去格里诺尔的路，又重复了一遍米克的名字，并留下他的电话号码，然后就"嘀"的一声断了。

见面后，我发现米克·奥赖利是位和蔼可亲的爱尔兰灯塔技术员，戴着一副眼镜。我们握了握手。他打开汽车后备厢，取出一件安全服和一个露出电线的黑箱子，这是用于测试灯塔电气系统的设备。"我们会在那里待上几个小时，你带三明治了吗？"他说话的声音很轻柔，带着爱尔兰口音。"火腿蛋黄酱三明治。"我边说边拍了拍口袋。

我告诉他我来此参观的部分原因，他漫不经心地点点头，燃起一支香烟。另一辆车在我们旁边停下，从车里出来的是托尼，一个 50 多岁的粉刷匠，有些孩子气。他和我一样，也是游客。一番寒暄后，我得知托尼的祖父曾是这里的守塔人，所以他想看看祖父工作的场所。我们一起坐在卵石滩上方的矮墙上，米克指了指我们的目的地。灯塔的黑影在海湾里一目了然，我感到一阵兴奋。虽然从我们身处的位置看，灯塔还很小，但它的存在感似乎和北部海岸上绵延的莫恩山脉一样强烈。

我们的交通工具"莫恩山雾号"早早到达。它在水中很醒目，因为船身被刷成了救生艇般明亮的橙色和蓝色，虽然它并不是一艘救生艇。作为引导深海船只进入卡灵福德湾的当地领航船，它需要被刷成醒目的颜色，以引起人们的注意。从高大的集装箱船和油轮旁驶过时，醒目的颜色尤为重要。我们在卵石滩上方空旷的停车场里看着它不断驶近，在离我们不远的地方熄灭引擎，停在浅水处。一艘小艇脱开船舷，向海滩驶来。

我们走下卵石滩，迎接缓缓靠岸的小艇，湿滑的鹅卵石在我们脚下咔嚓作响。一个穿着航海装备、看起来饱经风霜的人从船头下来，他是领航员肖恩·坎宁安，比附近任何人都更了解卡灵福德湾的气流和浅滩。他来自北岸的格林堡，从19世纪80年代起，他的家族就在这里领航。我们握手问好时，他疑惑地打量我，大概在好奇我这个伦敦人为什么会到这里来参观灯塔。我们从小艇登上"莫恩山雾号"，向灯塔驶去。

这天天气晴朗，但凉风刺骨，所以我躲在驾驶台里，听肖恩介绍他的家人。他的三个兄弟和父亲都是卡灵福德湾的领航员，父亲威廉从第二次世界大战期间就开始领航了，而且也出生于领航员世家。根据记载，其祖上开始从事领航工作的时间可以追溯到19世纪末。我对这一家人积累的重要讯息惊叹不已，这些讯息或许没有被记录下来，但却通过这个家族代代相传。当我们谈到豪博莱灯塔时，他拿出一串钥匙。自守塔人离开后，他们一家人就成了灯塔的看守人，时不时地前来检查灯塔的状况。听到我说这将是我走进的第一座岩石灯塔，他咧嘴一笑说，知道我要去，上周特意打扫过了，里面什么都没有。灯塔早就被掏空了。

米克和托尼一言不发地靠在船舷上赏景。附近没有其他船只，整片海湾似乎都为我们所有。两岸的景色十分荒芜，给人一种强烈的空虚感，仿佛这个地方已被挖空。不过也确实如此，这里经历了接连的饥荒、动乱和移民潮。与冰川峡湾相符的是，旧事仿佛也像冰川一样，从风景中消失了踪迹。

我希望，豪博莱灯塔不会像肖恩暗示的那样空荡。即便是光秃秃的四壁，也能提供有价值的线索供我探索过去，比如墙壁的凹痕或变色、天花板或地板的轮廓、被忽视的壁龛中的零星遗留物等。但同时，由于灯塔久无人住，想再现它的原貌困难很多。

*

我们从西侧进入灯塔。行驶过程中，一块露出水面的岩石从船右舷掠过。我认出这是尼莫在勘测时命名的"布洛克岛"。这块大岩石现在已经铺满海草，石头上懒洋洋的海豹像灰色麻袋一样，一边打着嗝，一边翻滚进水里。

豪博莱灯塔就在前面。几个世纪的温和风化，给了灰色花岗岩象皮般的质地。一大块方形混凝土平台突兀地立在灯塔底部宽大的岩石上。平台上方，花岗岩入口悬在海面上，通过一架鲜红色的梯子和一个鲜红色的、被螺栓固定在石塔壁上的吊臂进入。塔壁上，几扇小小的方形窗户螺旋往上，从窗口透进的光仿佛照亮了灯塔内部巨大的螺旋楼梯。灯塔顶部，红色十字花纹铁栅栏围成的圆形阳台，固定在花岗岩檐口上，将白色圆顶灯笼围在中间。

与我探究过的其他岩石灯塔一样，豪博莱灯塔也拥有不同的身份。从某种意义上说，它是一个有效的助航设施，海事图和全球定位系统上都有它的标记。但从另一个意义上说，它给人的感觉像一座废墟，有一种被遗弃的阴郁气氛。我遇到过的其他建筑从未像它一样，同时给人留下被使用与被废弃、在中心与在边缘的对立双重印象。这座灯塔已经被关闭，像是一个废弃的前哨阵地，也像是一个遗迹，让我们回想起人类更积极地与大海搏斗的时代。

豪博莱灯塔的设计，总体上与贝尔灯塔非常相似。哈尔平一定参观过贝尔灯塔，或者，他至少与其建造者罗伯特·史蒂文森交流过。当然，在19世纪20年代，它一定是一项不同寻常的建筑工程，而这两个人是英国当时仅有的具有相关经验的人。动手建造贝尔灯塔前，史蒂文森造访了所有他能找到的岩石灯塔。要实施如此困难的项目，借鉴前人留下的宝贵经验，似乎是自然而然的。

再次观察豪博莱灯塔，我发现它的锥形轮廓与史蒂文森的贝尔灯塔不尽相同，它更像是一个带有地方特色的版本，是哈尔平本人对设计的解读。或许他参观贝尔灯塔时得到了灵感，但回到爱尔兰开始制图时，却只能粗略地记起自己见到的画面？肖恩突然熄灭引擎，船慢慢漂动，渐渐停在灯塔的楼梯平台旁。我把自己的猜测暂时搁在船底，和其他人一起爬上有些锈蚀的梯子，来到灯塔入口。

肖恩没有跟我们一起走进灯塔。他分几次把米克的装备从船上拖上灯塔之后，“莫恩山雾号”就从楼梯平台边消失，优雅地掉头驶入卡灵福德湾。当我们看着它渐渐缩小成远处的一个橙色小点的时候，我突然意识到在水里一动不动的感觉很奇怪。运动是海洋的主要特点，而通过船只、木筏、游泳等方法进行的运动，一直是我们接触海洋的主要方式。但自从1698年温斯坦利的埃迪斯通灯塔建成以来，岩石灯塔就带给我们一种与大海互动的崭新方式。我们从此能够一动不动地待在海中的某个固定点上。

通往灯塔的绿色门用螺栓固定并用挂锁锁着，表面的几处油漆已经脱落。褪色的警告牌严禁我们带明火入内，所以米克和托尼在入口平台抽了最后一支烟。我们有3个小时的参观时间，不过也只能浅尝辄止地体验在这里的感受。米克放下包，在口袋里翻找钥匙。

我登上铁梯，走进一楼的圆形房间。空间比我预想的大，但一点装饰也没有。弧形墙壁曾经是浅蓝色的，但大部分已经脱漆，露出花岗岩石墙，给人一种棋盘的效果。墙上有一条狭窄的凹槽，像是要延伸到上层的房间去。也许是早已消失的炉子的烟道。不知出于什么原因，石头地板曾经被漆成红色，原先搁置的某些物体已经不见，地面上留下了两个巨大的没有上漆的长方形印痕，四个角上有孔。我弯下腰仔细看了看，然后走上旁边的楼梯，在楼梯中部切换视角继续观察。那里曾经摆放的物体可能是两台发电机，用螺栓固定在矩形底座上，以防启动时在地板上方不停地震动。

二楼和一楼差不多，也是光秃秃的圆形房间，墙面油漆斑驳，地板上有类似的长方形印痕。这是不是另一间引擎室？我又在墙上看到了那条凹槽，我猜它会一直延伸到塔顶。这些房间就像曾经有人居住过的洞穴，属于人类文明的油漆成片脱落，堆叠在地面，石头再次显露出来。突然，我注意到墙上许多地方都有深棕色的斑点。房间里密闭的空气闻起来不像是有机物腐烂的气味，而是盐、金属、石雕、颜料等元素发生反应后的气味。如果没有定期通风驱散含有盐分的潮气，灯塔石壁中的含铁物品就会生锈。这可能是探究豪博莱灯塔建造方式的一条线索，这些石头，至少用来搭建塔壁的石头，或许是用铁螺栓钉在一起的，而不是用榫卯结构连接的。

我借梯而上，来到三楼，这一层的房间比下面的"洞穴"更明亮干净，用两道房门与上下的房间相隔开来。屋内有三个并列靠墙的白色大箱，底部分别装有黄铜水龙头。一块小铜板上写着：

1964 年／每十年拆卸一次油箱并在外部喷漆／通用制造（都柏林）有限公司

显而易见，这一层曾用来储存燃料。但油箱似乎已经被废弃，而且这里也没有发电机，我很纳闷这座灯塔现在是怎样用电的。弧形楼梯隔间后的刨花板抽屉柜显然是后来添上的。

房间里还有第三扇蓝色的门，不通向楼上，也不通向楼下，而是安在远离楼梯的弧形墙面上。光线透过门把手上方的玻璃照进室内。我一时困惑不解，这扇门的位置不上不下，推开门除了掉进海里好像别无去处。然而我打开门后，却看到了完全出乎意料的景色。

门后是一间漆成白色的铁房间，在花岗岩阳台上向灯塔外突出，上面是圆形屋顶。外墙是六个长方形面板，排列成带棱角的半圆形，其中五面都装有正方形大窗户，只有一面是空白的墙面。透过这五扇窗户，可以欣赏大海的美景。与下面几层没有装饰的花岗岩石屋不同的是，这个房间竟出乎意料地被装修过。窗户下方的正方形墙面中央是铸铁浮雕装饰条，虽然涂了几层油漆，但图案依稀可辨，有竖琴、地球仪、六分仪、船、地图、指南针、锚和人像，不过人像已经被厚厚的油漆刷得不易辨认了。

这六面墙中似乎有一扇是薄薄的铁门，被油漆和铁锈封住了。我费了点力气才松开两个螺栓将门推开。门外是一条极其狭窄的走道，下面就是大海，四周是一圈十字交叉结构的栏杆，材料有点像竹子，让我想起中国风的装饰。这种风格最早流行于18世纪，到19世纪20年代初灯塔落成时仍在流行。我方才在室内看到过的图案也出现在这里，六个铁制的扶手，形状像蛇或龙，又是中国风装饰。

我们在"莫恩山雾号"上并没有看到这间向外凸出的房间，因为它面向大海，被塔身挡住了。据我所知，没有任何其他岩石灯塔有这样一间外凸的房间，因为它们位于深海，太过脆弱，这种突出的结构经不住风暴的袭击。不过我知道为什么豪博莱灯塔上可以建造这么一间屋子，因为卡灵福德湾相对平静，灯塔不必抵御其他灯塔遭受的强风大浪。

更为神秘的是这个房间最初的用途。建造者一定在细致的比例与装饰上投入了许多时间、金钱和设想，这清楚地表明这里曾是一块十分重要的区域。但是我却找不到迹象来证明这里的特殊用途，我只能看到一些符号。它会不会是个钓鱼台？或是一个供奉北欧神灵的平台？或者说得更凡俗一些，这里会不会是个值班室？

那些铸铁饰品，至少可以揭示出一些有关乔治·哈尔平这个难以捉摸的人的信息。他熟知时尚的建筑风格，可以设计出中国风装饰。这表明他不仅是一名监工，应该还接受过设计方面的训练。这个念头为他在我心中模糊的印象增添了色彩。我想，他大概是一个喜欢运用象征符号和装饰物的人。但是，我仍然很难判断出他究竟是为谁设计了这个房间。这里是否像史蒂文森在贝尔灯塔里设计的图书馆一样，是一个接待显贵的地方？运用时尚的装饰风格意味着有人会欣赏它们，但守塔人似乎不太可能会欣赏这些。我想不出令人信服的答案。所以我关上门，上楼去和其他人一起探讨。

我在四楼发现了一张桌子、几把椅子，还有橱柜和抽屉柜。这里应该是守塔人的起居室，但一张塑封的现代标牌告诉我们这里是餐厅。这里与楼下几层一样，墙壁的油漆脱落，花岗岩墙壁裸露出来，破败的家具给人一种废弃家庭用品独有的怪诞感。这些家具互不匹配，是不同年代的物件。橱柜空荡荡的，只有一本1952年的《船长医疗指南》、几个弹簧文件夹和一大捆白布。白布展开来是一面旗帜，白色背景上绘有一个红色的 X 形图案，两侧是豪博莱灯塔，上下两端是灯船。文件夹里放着这个空房间过去的照片。照片上，曾经的这里看上去十分机械，管道和电缆纵横交错。这些照片看起来并不老旧，但确切日期不得而知。屋内的一扇窗户被某种护窗遮住了，旁边是一根铁杆，上面有一个空的支架，好像有什么东西曾挂在那里，后来被拿掉了。

8. 餐厅全景图，2016年

我拉过一把木椅坐下，腾起一片灰尘。我面前的桌子上有一个壁炉，它张着空洞洞的大口，周围的花岗岩壁被涂成黑色以掩盖烟灰污渍。我边吃三明治边环顾四周，想知道自己是否漏掉了什么。我的目光落在壁炉架上，那里摆着一个盛香的容器、一个盛圣水的小塑料瓶和两件耶稣基督艺术品：一个小型的彩绘雕像和一幅镶框的画像。虽然房间里的其他物品似乎都是随意堆叠摆放的，但这些宗教艺术品看起来却像是一个精心设计的整体。在画像的背面，洇开的墨迹写着：

豪博莱灯塔

在基尔基尔教区牧师卡农·丹尼斯·卡希尔的主持
下于今日举行圣化仪式

1958 年 10 月 24 日

（签署）D. 奥唐奈，P. V. 惠兰

（另外两个名字太过模糊，无法辨认）

圣化仪式？

突然，我身后的门"砰"地打开，我惊得差点没拿稳手中的东西。来人是托尼，他要到下面的入口平台去抽支烟。我让他看了我发现的东西，他回忆起祖父曾经跟他讲过的一桩往事。这场仪式的目的不是新建一个礼拜场所，更像是我们如今所说的驱鬼。20世纪50年代，守塔人报称豪博莱灯塔闹鬼。空荡荡的房间里会莫名其妙地响起"咔嗒咔嗒"的声音，墙壁上的灯光忽明忽暗，种种怪相让守塔人越来越紧张。在没有办法逃离灯塔时，这一幕幕景象定然会令他们毛骨悚然。我入迷地听着，战栗地回想起这里的地名在古挪威语中的含义。这里是女巫的入海口，是鳗鱼出没的地方。

我幼稚地猜测起这里闹鬼的原因来。或许，是住在海湾里的神灵鬼魅因为灯塔出现在自己的领地而感觉受到了冒犯？或许是因为，此前一直有人从我在楼下发现的往外凸出的小屋向水中献祭，所以它们一直蛰伏在水底。到了20世纪50年代，小屋的这个重要功能被人们遗忘，祭品没了，它们因而再次出没？这些猜测也许是空想，但我之所以会这么想，是因为灯塔里奇怪的气氛促使我编织出了这些想法。托尼说他确信一定有一个简单的解释，虽然听起来并不能完全令人信服。

岩石灯塔闹鬼乍一听似乎令人惊讶，甚至毫无意义。要有人存在或者有可怖的事件发生，才能说是闹鬼了。但据我所知，这座灯塔人迹罕至，也没发生过恐怖事件。不过，这座建筑的特点，以及它在人心中激起的情感，却引人浮想联翩。在这间昏暗的圆形花岗岩石室内，仅仅待上几个小时，就已经是一种影响心神的体验。古老的豪博莱灯塔就像典型的鬼屋一样孤独偏僻，在这里举行的圣化仪式，似乎证明了人类的迷信在海面上也存在，甚至有所加剧。我不知道，从北部海岸基尔基尔教区登上灯塔的卡希尔牧师是否也有过同样的想法。我坐在餐厅里，想象着他就站在我面前，穿着长袍，喃喃祷告，几个守塔人低垂双眼，盯着地面。

　　我后来得知，豪博莱灯塔其实对悲剧并不陌生。1916 年 11 月 3 日清晨，在豪博莱灯塔以北的卡灵福德湾航道上，"寻回犬号"和"康内马拉号"两艘轮船试图避让对方时发生撞击，造成 97 人死亡。当时两艘船都在昏暗的灯光下航行，以躲避在附近作业的德国 U 形潜艇。强劲的飓风和狭窄的水道，使两艘船上原本操控熟练的船长无法平稳驾驶。值班的守塔人看着两艘船越靠越近，危险一触即发，随即发射警示信号弹，但可怕的强风和海浪推着满载煤炭的"寻回犬号"撞向了载着乘客的"康内马拉号"。海水急切地冲进"康内马拉号"左舷的一个巨大裂口，乘客来不及逃生，只能随着船只沉下水面，船上炽热的锅炉在接触到冰冷的海水时爆炸。

　　当太阳升起，海面平静时，岸边场景触目惊心。人和动物的尸体以及船只的残骸随处可见，"康内马拉号"爆炸的锅炉肢解并烧毁了许多尸体。现场共发现 58 具尸体，剩下的 39 具在接下来的几周内被陆续冲上岸，好像在将恐惧一点一滴地持续注入周边的居民区。灾难发生时，豪博莱灯塔的守塔人只能眼睁睁地看着，而且一些不幸的乘客很可能被海水带到了灯塔前。唯一的幸存者是"寻回犬号"上的一名船员。几十年后，他才开口亲自讲述了这一场事故。

在举行圣化仪式几年之后，1965 年 3 月 17 日，豪博莱灯塔实现了自动化操作，不再需要人来看守。这是英国和爱尔兰第一座永久撤走守塔人的岩石灯塔。

半个多世纪后，守塔人在此留下的痕迹基本已经消失殆尽。餐厅是塔中唯一留下日常家具的地方，上面的五层和六层变回了第一层和第二层的洞穴状。这些光秃秃的房间里没有任何机械的痕迹，唯一的特点是每个房间都有被堵上的壁炉，表明它们曾是起居室。根据我对岩石灯塔结构的了解，我推测五楼曾经是卧室，在灯笼下方的六楼曾经是办公室或服务室。墙上隐约可见印痕的地方，或许曾经安置了某些装置，但我无法辨认出具体是什么。墙壁上的颜料和碎石片不时地剥落，有效地为现存的证据打上马赛克。

我继续往上走。看过那些象征符号，听过闹鬼传闻的生动细节之后再上到这里，感觉豪博莱灯塔似乎突然沉默下来了。

在塔顶的灯笼屋里，前面几层中那些可供考古研究的特点统统消失了。日光透过一整圈玻璃窗照进室内。弧形尖顶铁皮屋顶看上去就像马戏团的帐篷。玻璃窗下的墙壁不久前才被刷成了白色，房间看起来被使用过。我发现米克正在那里走来走去，将电线连接到半开的金属柜上。这个房间的空间本来很宽大，但夹层位置有一个铁架，可以从那里接近光源。现代光源小得可笑，发光二极管装在一个仅有蛋糕罐那么大的玻璃圆筒里。罩着光源的灯笼显得太大，是在科技还无法造出小型物件的年代设计的。1869 年 4 月，领港公会代表参观豪博莱灯塔时，发现了"一盏固定的灯，灯中有 20 面 25 英寸[1]的反射镜被安置在一个圆形框架上”，这盏灯几乎填满了整个灯笼。

夜里，豪博莱灯塔每 10 秒钟闪一次白光。米克告诉我，现在使用的小型照明装置是由灯塔在海湾的位置决定的。豪博莱灯塔无须发出强光去照亮数英里的外海，出海者只要能在海湾的入口以及内部水域看到它的光就足矣。这种小型装置的射程为 10 海里，与那些远海灯塔的射程不同，比如贝尔灯塔的射程就要远得多。运行这个小装置所需的一切设备都可以轻松安装在灯笼里，充分突显出楼下六层的累赘。对比灯塔现在承载的这个小小光源，这座超过 111 英尺高，重达数千吨的石塔突然显得建造过头了。但是，无论旧的建筑还是新的光源，都概括了各自所诞生的时代的不同追求。

米克能够解析我一路向上参观时注意到的一些特点。墙壁上的凹槽，是用于安放灯笼里原本的发条装置的加重链，史蒂文森在贝尔灯塔里使用过完全相同的结构。这进一步验证了我的猜测，哈尔平一定和他见过面或通过信。关于底层曾摆放过发电机的猜测也得到了证实，在 2011 年灯塔转为使用太阳能之前，发电机一直在那里运行着。刚才那个没有标明日期的文件夹中的照片，显示了此前灯塔内部布满机械的样子。

至于那间引人注目的向外凸出的房间，米克称之为“半潮室”。最初在涨潮时，这间屋子里面会发出亮光，提醒过往船只，水位已没过卡灵福德岩，可以安全通行。为此，房间里留有一名

1　1 英寸 =2.54 厘米。

守塔人，看守着八盏灯和八面25英寸的反射镜。虽然这种解释比起我对海神的猜测平淡了许多，但我还是理解了这个房间为何要用船只、海蛇、六分仪和其他航海符号来装饰了。涨潮时，这个房间熠熠发亮；退潮时，这个房间熄灭灯光，与海洋的节奏保持一致。这可能就是一个简单直接的任务，但却反映出哈尔平的用心，他认为有必要给这项任务打造一个有仪式感的环境。

1868年，卡灵福德岩上开凿出一条更宽更深的航道，船只无须等待涨潮就可驶入海湾，"半潮室"因此被闲置。我倒是愿意这样想：守塔人将其改造成了一个奢侈的钓鱼台。

距离我们离开的时刻越来越近。托尼回到灯笼屋里，大家一起回顾这次成功的参观。对米克而言，不过是又上了一天班，他没有发现灯塔中出现短路情况或令人担忧的故障。托尼登上灯塔后，大约只用了半个小时就看完了他想看的一切，其余时间他都在入口平台上或是灯笼屋里凝望大海。虽然他没有亲口这么说，但我感觉这座萧瑟的灯塔让他更难想象出祖父在这里度过的时光。

米克收拾装备时，我在灯笼屋里看到远处一个橙蓝相间的斑点正在向我们靠近。是"莫恩山雾号"来了。我们走出房间，关好房门，一路走下灯塔。涨潮了。之前我们在船上看到的、海豹所在的危险岩石已经被海水淹没。肖恩在船上冲我们招手，我们没再逗留，直接登上船。引擎轰鸣，我们启航返程。肖恩在驾驶台问我，是否找到了我期待的信息。"不，"我回答说，"我找到了更好的。"虽然当时我还不清楚未来将如何安排，但我相信这不会是我和他的最后一次见面。

bowline：＜名＞［航海］将方帆的上风舷系在船首的绳子；在绳子末端形成防滑环的简单绳结。

——《牛津英语词典》

离开豪博莱灯塔时，我感觉它为我讲述了许多美好的故事，却没怎么透露它的日常生活细节，让人觉得对这个地方还不是确切了解。那首水手号子仍然萦绕在我脑中，通过进一步的研究，我发现"bowline"一词不仅指绳子，也指绳结。这两个含义似乎很好地概括了这座灯塔：一方面，它是一个简单直接的导航设备；另一方面，它又是一段仍旧难以完全解读的往事。

幸运的是，我后来发现，在一段特殊的历史时期内，人们经常提及豪博莱灯塔。尽管所有与灯塔有关的原始文件似乎都已经丢失，但"北爱问题"时期，有关卡灵福德湾的政府解密档案里，灯塔的相关资料经常出现。所以，我探访灯塔归来几个月之后，去了一趟位于基尤的英国国家档案馆，在馆内花了几个小时翻阅泛黄的书页，寻找与这座灯塔有关的记载。

1921年12月6日，爱尔兰共和军与英军停火，双方签订《英爱条约》，爱尔兰独立战争随之结束。这场战争其实是因为1919年1月新芬党（爱尔兰共和军的官方政治组织）宣布爱尔兰独立，而引发的一场恶性冲突。其间发生了不少暴力事件，其中尤为臭名昭著的，当属英国的警卫后备队黑棕部队。这是一支由"一战"退伍军人组成的队伍，因袭击平民而声名狼藉。1921年的《英爱条约》结束了英国在如今爱尔兰共和国的统治后，这片土地由1922年12月成立的爱尔兰自由邦管辖，北爱尔兰继续由英国统治。1925 年，地图上标注出了英国与爱尔兰两国的边境线，从北部的福伊尔湾蜿蜒延伸到东部的卡灵福德湾。

这条边境线出现时，正值豪博莱灯塔建成 101 年，它所处的环境发生了巨大的变化。卡灵福德湾北边的北爱尔兰仍然在英国人手中，而初具雏形的爱尔兰自由邦已在南岸崛起。灯塔立在两国之间的水域，这里是两个极度对立的国家之间的动荡地带。在两国的海岸上，几乎会立刻再次回荡起枪炮声。

20 世纪 20 年代初，爱尔兰自由邦在南岸的格里诺尔——也就是我前往参观豪博莱灯塔的出发点——建立了一个驻防基地。士兵们用来练习射击瞄准的混凝土柱，就竖立在我们那天等待"莫恩山雾号"的鹅卵石海滩上。这支驻守军队一定不擅于射击，因为 1923 年，多名船长向北爱尔兰议会抱怨，称反弹的枪弹误伤了他们的船只。我没有在豪博莱灯塔的花岗岩壁上看到过弹孔，不过当时我的注意力也不在那里。

20 世纪 60 年代末，北爱尔兰冲突之前，卡灵福德湾周围一直很宁静。一个奄奄一息的联合政府已执政近半个世纪，无力处理新教徒和天主教徒之间的敏感问题，还极有可能极其歧视后者，使冲突不断升级。德里的民权游行队伍被警察用警棍和高压水枪驱散，民众对此感到愤怒，各地纷纷暴动。英国的警力无法控制局势，情况持续恶化。到了 1969 年，军队入驻贝尔法斯特和德里，将两地与外界隔离开来。这就是"北爱问题"的开端，一场持续近三十年的游击战即将拉开序幕。

英国国防部在关于那段时期的解密文件中写道：

卡灵福德湾长期以来一直是从爱尔兰共和国向北爱尔兰走私牲畜、食品和应税货物的传统航线。自1969年爱尔兰共和军开展行动以来，一些情报表明，这条航线已用于向北爱尔兰运送武器、弹药和炸药，临时爱尔兰共和军一直没有放弃使用这条航线的设想。

1972年至1973年，英国政府开展"INTERKNIT行动"，试图阻止恐怖分子在卡灵福德湾走私武器和炸药。豪博莱灯塔频繁出现在政府文件中。英国海军乘坐皇家海军战舰"警觉号"或"警戒号"在卡灵福德湾巡航，他们有权以某些理由拦截并登上过往船只，比如那些"运载可疑货物""远离海岸"或"在夜间关灯航行"的船只。

其中一艘是私人游艇，没有名字，编号为"183L"。英国海军于1974年6月8日登上这艘游艇，游艇是一个名叫威廉·斯威特曼的人借来的，从格里诺尔开往都柏林附近的港口邓莱里。根据斯威特曼的描述（后发表于《爱尔兰时报》），他当时正在爱尔兰的水域航行，在卡灵福德湾可通航航道的南边，在边境线的另一边，在英国管辖的水域以外。不过尽管他提出抗议，称自己身处南部水域，在爱尔兰管辖范围之内，但英国海军仍然用枪指着他，搜查他的船只。斯威特曼称，那场无端的搜查没有任何章法，真正的目的是彰显英军的武力。最糟糕的是，海军还隐晦地发出威胁，如若再次发现他经过这里，他将要承担某些"后果"。

斯威特曼愤慨地找到负责北爱尔兰事务的英国大臣讨说法，

要求对方明确卡灵福德湾内两国的边境线。如若他不能享有身处南边水域的正当权利，那他将大声"对这次爱尔兰领土上的武装入侵和逮捕以及未来可能受到骚扰的威胁提出强烈抗议"。

但英国海军方面就此事给出了不同说法。他们宣称，斯威特曼的船只从格里诺尔出发后，一路向卡灵福德湾的南端行驶，直至进入海军认为的北爱尔兰海域。在他抵达豪博莱灯塔西北方向940码[1]处时，海军曾向他发出警示，但他仍固执地沿着卡灵福德湾的主航道向大海前进。直到海军通过扩音器警告他，如有必要，他们会对他进行强制转移，这之后，斯威特曼才不情愿地熄灭了引擎。海军在他从豪博莱灯塔以东690码处经过时，才登上他借来的船只进行搜查。登船的士兵只有一名，而且并未使用武器，搜查结果显示船只没有异样。

在这些领土争端中，豪博莱灯塔成为一个关键的定位点。国家的边境应当以清晰的线条进行划分，但卡灵福德湾的情况却十分混乱。直到今天，这里依旧没有官方划定的、将水域分为南北两块的界限。豪博莱灯塔不仅站在两个国家之间，更是站在明确与模糊之间。从解密的国防部文件来看，威廉·斯威特曼被描述成一个滑稽角色，但他的故事正好说明了，双方都不明确两国水域的真实边界究竟在哪儿。我开始把卡灵福德湾看作一条膨胀的边境线，在这片神秘的无人之海里，谁更强大，谁就占上风。

当时，豪博莱灯塔刚刚实现自动化，灯塔中的房间被封上，灯光机械化地被熄灭和点燃。它不再是一座住人的塔，而只是一

1．1码＝91.44厘米。

盏灯。它比从前更加偏远孤独，只有看守人和爱尔兰的灯光技术员偶尔前来。在那种模棱两可、充满争执的气氛中，没过多久，灯塔也遭到了怀疑。作为"INTERKNIT 行动"的一部分，皇家海军登上豪博莱灯塔，破门而入，搜查这座无人居住的荒塔里究竟有没有走私武器和爆炸物。

或者至少可以这样说，这是我根据 1974 年 6 月爱尔兰灯塔委员会向英国国防部提出的一项正式申诉推断出来的结果。委员会称皇家海军强行闯入灯塔，损坏了卡灵福德湾的一些照明设备，"警觉号"战舰的指挥官对保管灯塔钥匙的当地看守人十分"蛮横"。但是，根据指挥官本人的叙述，"（豪博莱灯塔的）看守人非常配合搜查灯塔的工作，甚至交出了钥匙方便我们复刻……但他的妻子却不太配合，甚至痛斥搜查队，称他们'不能命令她的丈夫做事'"。

纸页上的这一幕可谓生动形象：一名愤怒的爱尔兰主妇和一众全副武装的皇家海军紧张对峙，焦虑的灯塔看守人夹在中间，汗如雨下地稳住双方。我想，在游击战期间，北爱尔兰各处大概有许多类似的、一触即发的场面，而这一幕可能是唯一与岩石灯塔挂上钩的。幸运的是，事件报告中的双方达成了和解，文末的注解写道："指挥官会与坎宁安先生（豪博莱灯塔的看守人）讲和修好。"

文件中提及的这位坎宁安先生既是卡灵福德湾的领航人，又是豪博莱灯塔的看守人。那么此人大概就是威廉·约翰·坎宁安，他从 20 世纪 40 年代起就在卡灵福德湾领航。也有可能是他的儿子肖恩。我和他见面时，他已经在卡灵福德湾领航四十多年，1974

年时，他也二十好几或者三十出头了。因为最初将我带到豪博莱灯塔的人是他，所以，我更偏向于将他当作我在绝密的政府档案中读到的人。

　　我回想起我们爬下灯塔梯子登上船的那一刻，肖恩在驾驶台里回头问我是否在灯塔里找到了我期待的信息。现在我想对他说，我找到了一段比小说更离奇的故事。

栖木岩灯塔

一座灯塔废墟

建成于 1830 年

位于威勒尔半岛默西河口

> "三年了！"我失声惊呼，"你是遭了船难吗？"
>
> "不，兄弟，"他说，"我是被流放了。"
>
> 《金银岛》，1883 年
>
> 罗伯特·路易斯·史蒂文森 著

我们在砂石庭院里与拉链和搭扣较劲，一边将行李堆在凹凸不平的石板上，一边不耐烦地从城墙望向大海。"如果在那里出了什么事，你最好给海警打电话。"我的同伴如是说。我们正站在爱尔兰海边，风吹拂着他的发丝。我们打算在废弃的栖木岩灯塔里过夜。我以为他是在开玩笑。

道格这人神秘莫测，这座灯塔和新布莱顿海岸线上那座伸向利物浦湾的 19 世纪堡垒都归他所有。他将那座堡垒打造成了展示地方历史和军事文物的小型博物馆，馆藏物品非常随意，有已经解散的默西之声[1]乐队的老照片，也有"泰坦尼克号"无线电室的

---

1 默西之声：特指来自默西河畔的利物浦和曼彻斯特的一批摇滚乐队所创造的音乐流派。

复原模型。在类似家庭作坊的经营模式下，他扮演着多重角色，既是博物馆的所有者，又是主任、馆长和粉刷匠。他的许多朋友也都出了力，其中一个是吉米。我们和道格约在一个星期五的下午4点见面。这个时间，博物馆的游客都回家了。他们那天在修缮屋顶，身上沾了沥青和密封剂。吉米从一间由堡垒原先的拘留室改建的厨房里变出咖啡，装进纸杯分发给大家。

栖木岩灯塔是唯一一座你可以在退潮后徒步到达的岩石灯塔。这里的海水不是一下子退去的，而是从几条杂乱无序的沟渠分次退去，一点点露出泥泞的海滩，灯塔周围是最后排空海水的一块区域。在来的路上，我们已经从步行道上看到了海水退去的过程。四周没有人，淡季的海边都有一种忧郁的气氛。旺季的新布莱顿是热闹的海滨度假胜地，但现在是二月，这里仿佛成了人们万不得已才会来的地方。除了若无其事的海鸥，步行道的长椅上空无一物。

在这个纬度，二月的天空仿佛硝酸银一样，随着白昼将尽，空气似乎越发沉重。我们注意到，灯塔的位置在堡垒炮台的射击线附近。灯塔和城堡都是在19世纪20年代末建造的，所以这要么是军方和利物浦港务主管部门无能的体现，要么是二者的黑色幽默。或者也可能是犹豫不决的结果：根据道格的说法，双方无法确定究竟是建一座布满枪支的灯塔，还是一座装有大型灯具的堡垒，所以就两者都建了。天色转暗，回溯的潮水将灯塔留在一汪水中，从堡垒走向灯塔的小路终于畅通了。

我叫上了朋友迈克尔，他是一名五行打油诗[1]诗人，也是一名

---

1 五行打油诗：一种谐趣诗体裁，由五行诗句组成，用词俚俗浅白。

摄影师,他觉得在海中露营是个有趣的主意。同行的吉米五十多岁,和蔼可亲,弯腰驼背。他从未进入过灯塔,所以会和我们一起参观一小会儿。他回忆起自己年幼时,曾在童车里被推着走过这条步行道,那时他见过这座灯塔,当时灯塔还在使用。

我们一行四人飞快地穿过沙滩。我和迈克尔,还有吉米,穿着涉水裤,打扮得像飞蝇钓爱好者,因为要进入灯塔必须先蹚过塔基周围的水洼。道格只陪我们走到水洼边,是为了帮我们拿行李。是他建议我去灯塔过夜的,之前我和他已经书信往来了一段时间。他似乎很惊讶我们会接受他的提议,和我们见面打招呼时还有些迟疑,时而讲一些关于肺炎的笑话,时而笨拙地递给我们一个保温瓶,供我们度过一个漫漫长夜。他建议我们把灯塔打扫干净,所以我们带上了扫帚、刷子和水桶。

海鸥"欧,欧"高叫着。我和迈克尔朝着前方暮色中若隐若现的灯塔走去,道格和吉米在我们后面小声地用利物浦方言说着什么。从远处看,灯塔周围的水洼就一丁点儿大,像个小水坑。但走近以后,我才发现它算得上一个环礁湖了。我率先踏入水中,肩上架着一架沉甸甸的橡木梯。海水瞬间控制了我的双腿、腹部和胸部,将涉水裤里的空气挤出。这种感觉很奇怪,就像是被抽了真空。但愿橡胶裤没有裂口。走近之后,灯塔突兀地庞大起来。海水里的物质附着在像喇叭一样向外张开的黑色塔基上,形成了一层硬壳。以涨潮时的水位为界,下面是藤壶、贻贝和鸟蛤,那上面的石壁被漆成令人舒心的白色。

灯塔的入口在我们上方约30英尺处,我们需要搭梯子,因为从我们头顶高度的地方开始,才是灯塔青灰色的石梯。我把橡木梯抵靠在石梯下端。后面，吉米和迈克尔正蹚水朝我走来，他们将行李举在头顶，海水已经漫过他们的胸部。在朦胧的暮色中，他们的身影像两名正在沼泽跋涉的士兵。我向上爬去，涉水裤的靴子有点滑，我赶忙将注意力全部集中在脚下的石梯上。

我们发现灯塔的门斜挂在铰链上，狭小的入口平台遍地是鸟粪和淤泥。肮脏的石阶透着不祥，消失在看不见的地方。顶上传来呜咽般的咕咕声，说明上方的屋子里有鸽子，我们得把它们赶出去。吉米随我登上这个不方便落脚的小平台。我挥手示意他往楼梯上走，去找根绳子把我们的东西拉进灯塔。他的双腿从我视野中消失几秒钟后，一只鸽子突然像子弹一样飞出灯塔，差点把我们吓退。这期间，道格一直穿着工装夹克站在风很大的浅滩上，大声向我们吼着有关灯塔的逸闻趣事："知道吗，塔基上的藤壶是从新西兰搭顺风船过来的；这里的守塔人都是些酒鬼，经常不把灯芯点燃。"天色渐晚，他在漆黑的沙滩上模糊成一团光。我们一边拉行李，一边听他讲这里的故事。天光完全变暗后，道格和吉米才默默地往回走，在沙滩边祝我们好运，约好第二天下午退潮时接我们回去。

灯塔一楼的空气里弥漫着衰败的气息，中央冒出来一段楼梯。这里和入口处都已经废弃了很长一段时间，影影绰绰，鸟粪遍地。尽管这里曾经有过一间小厨房、一个贮水池和一间厕所，但现在不宜在此逗留。穿过一道活板门，才能进入上层的房间。走进这扇门后，我们有了惊人的发现。现在，我们身处一间圆形客厅，客厅还保留着被遗弃时的模样，装饰还是 19 世纪的，设备也都不是现代化的。几个橱柜占据了四分之一的弧形墙面，几排架子下方有一张矮凳，矮凳旁是一个铁炉。一根铁管竖立在屋子中央，穿透一张方木桌。管内悬挂着重物和链条，带动两层楼之上的灯笼里的发条装置。这曾是一套十分考究的装置，但现在已经锈迹斑斑，无法使用了。房间里还有一本《圣经》、几盏茶灯、一个破裂的玻璃烟灰缸、一份裱好的守塔人悼词、几张船的照片以及几个旧的敞口杯。这个场景非同寻常，将乔治亚时代晚期的时光静止封存了。

迈克尔的涉水裤破了，在来的路上进了水，他很担心自己会患上壕沟足病。我也发现爬梯时，藤壶划破了我的指关节。我们先在客厅里休息，两个人都就着威士忌瓶口喝酒，若有所思地打量着四周，没怎么开口。近处，涌来的海水轻轻跳动着；远处，海岸上隐约传来属于人类文明的声音。这间客厅仍在沉睡，像过去四十年一样，只有鸽子时不时发出点动静。空中的灰尘在窗玻璃透出的昏暗光亮中飞舞，三扇窗户中有两扇被钉子钉死了，剩下的那一扇只用了块木板盖着。我们用力推开那扇窗，整个房间似乎都跟着抖了抖。

如今，栖木岩灯塔在众多灯塔中独树一帜，因为它没了用处又靠近海岸。它现在标记的危险已不明显，因为在它建成后，它周围的环境发生了改变。那些可见的礁石是王者礁，被沙子覆盖了一部分，而且靠近海边的步行道。与本书描述的其他礁石相比，它们更为温顺。人们觉得船只会在这里失事，只能是因为狂风太过强劲，或者水手太过无能。但19世纪末，岸边建起步行道以后，这些岩石变得更为孤寂了，它们被海水环绕着，在航道上越发具

9. 从栖木岩灯塔的客厅看到的默西河，2016年

有威胁性。大雾、不规律的水流和不断变化的沙洲，使从这里进入利物浦的航道变得复杂难行。

栖木岩灯塔坐落于海陆交会处，建于1827年至1830年，是现存第四座最古老的岩石灯塔。其他几座古老的灯塔都换掉了大部分原始设备，所以，栖木岩灯塔成了唯一一座保留了乔治亚时代晚期朴素内饰风格的灯塔。而且，它的完整性进一步提升了这种罕见的价值。与其他灯塔不同的是，栖木岩灯塔在使用期间几乎没有被翻新过。20世纪20年代，它才低调地朝自动化操作转型。许多灯塔在经历从电力或柴油运转到自动化与无人操作这一过程时，塔内的19世纪装饰大多被损毁了，而栖木岩灯塔在需要经历这一番改造之前，已经被正式停用封存。这反倒增添了它如今的魅力。

被人们冷落的灯塔有两座，栖木岩灯塔是其一，另一座是1797年落成的基尔瓦林灯塔，现在已被闲置在爱尔兰海中央，忍受海浪的侵袭，通体脏污。它的设计师是托马斯·罗杰斯，一名聪明但古怪的光学工程师。他设计的基尔瓦林灯塔之所以被停用，是因为选址出了错，距离需要由它标记的危险礁石太远。1877年，这座灯塔的灯光被熄灭，取而代之的，是一艘停在正确位置上的灯船。一个世纪后，令人不齿的盗贼偷走了船上的灯笼，让它从此看起来孤零零的，像一根系船柱。

相比之下，栖木岩灯塔遭到冷落的原因倒不是地理位置，而是因为新技术的出现。它于1973年被停用，原因是默西航道上存在的危险被人们用更经济的方式标记出来了，而且利物浦的海上繁荣也开始衰落。如今，这种情况更甚。科技在导航方面的进步，似乎要求人们仔细审视岩石灯塔是否有必要继续存在。技术的发展正以日新月异的速度提升设施的便利性与应用性。当一部小小的智能手机就能够绘制航路时，灯塔这种巨型导航警示物是否仍有存在的必要？

航海模式也发生了变化。飞机和卫星导航的双重奇迹，在我们与海洋之间划出一道鸿沟，让我们成了海洋的被动使用者，而不是主动参与者。罗丝·乔治在她对现代海上运输的调查中，令人信服地描述了我们国家的"海洋盲症"。她认为，我们不再理解海上的交通与活动，对这些事情毫无兴趣。对我们许多人而言，如今的海洋是抽象的，或是存在于想象中的，不是真实的。然而，我们的经济对海洋的依赖却不是虚构的。航运货物仍然是我们所有消费品的主要来源。从智能手机到甜玉米，我们消费的"99%

的物品"都是通过航运送来的。水手和航海的重要性一如从前。

那么岩石灯塔又该何去何从？多余的建筑之所以引人注目，是因为它们会激发两种情感：一种是遗憾，遗憾它们失去了从前的功能；另一种是期待，期待未来会带给它们什么。但是，将一座外形与功能如此紧密结合的建筑另作他用实属不易。岩石灯塔在设计时就已被规定好了用途，灯塔就是灯塔。组装那些榫卯结构的花岗岩石块，是完成了一道谜题；而思考它们未来的用途，则是另一道谜题。

在天色完全变黑之前，我们到楼上几层转了一圈，在客厅上方找到了适合过夜的地方：三个半圆形的床铺上下相叠，挂着床幔，靠墙的一侧是弯曲的，像橘子瓣似的。床铺上还有床垫和毯子，令人怀疑还有守塔人住在这间被闲置的房间里，只不过刚刚离开。这里有一种此消彼长的家的感觉，让人感到安逸舒适的同时，又惴惴不安。被弃置不用会夺走一个地方的生气，将它封存在一种病态中，让人即使在这里看到最普通的景象，也不禁心生畏惧。

我们还登上了灯塔的最顶层。从远处看，灯笼外形俏皮，而且是赭色的。灯笼内部是一个细长的八角形铁架，上面是反拱天花板，顶端是尖的，像马戏团的顶棚。但散落在地面上的，是各种各样的鸟的尸体，有的还很新鲜，有的只剩骨架了。数年来，这个灯笼一直像一个捕鸟器。只要一块玻璃破碎，这个灯笼就变得像捕虾笼一样，小鸟飞得进却飞不出。这是许多灯塔普遍存在的问题，矗立在鸟类迁徙线路上的灯塔尤为如此，鸟类经过这些灯塔时的死亡率极高。鸟儿朝灯光飞去，撞上玻璃身亡，或者从栏杆上跌落身亡。有些学者认为，灯光会使鸟类迷失方向，另一些则认为，灯光会引诱鸟类进入。但灯光熄灭之后，鸟类虽不会快速地撞进灯笼里，却会心甘情愿地飞进灯笼里。这是一个奇怪的、令人毛骨悚然的景象，让我们看到了人类早期生活挣扎的极端氛围：身虽死，但却更光明。

这个房间在它的鼎盛时期一定是干净迷人的，后来才被腐朽悄悄包围。按照最初的设计，灯塔的灯笼屋是通风的、发亮的，令人自豪的镜片和金属制品保持了如医院般的洁净。灯笼屋是灯塔最重要的房间，只要有一点脏污，就会打破塔内令人紧张的精细平衡。栖木岩灯塔上却有不止一点脏污。尽管如此，我们仍然能看出这里原本美轮美奂的模样。在我肩膀的位置，一圈铁架沿着墙壁排开，组成一个由古典风格的柱子支撑的夹层。令人激动的是，19 世纪的灯笼装置大部分完好无损，只有镜片不见了。房间的中心是一个长方形的铁柜，里面装着转动玻璃光学元件的发条装置。这是灯塔的心脏，但现在已经锈迹斑斑，成了一个由齿轮组成的杂乱艺术品。客厅铁管里挂着的机器部件会带动这些齿轮。这个废弃的灯笼可能是唯一一个将原始机械设备原封不动地保存下来的灯笼，因为光源通常是第一件实现现代化的东西，要么升级为电力照明，要么是柴油照明。在这里，这些情况从未发生过。

新鲜的空气从阳台的门缝进入室内。我们弯腰走出去，在各种动物尸体中摸索前进，走到灯笼下方的圆形石台上。周围的一圈护栏向外伸展，令人心惊。我们抓着护栏缓缓移动到朝海的一侧，眺望爱尔兰海。海面漆黑一片，仿佛风暴即将来临。从这一侧看到的景象，是在任何岩石灯塔上都能看到的，目力所及之处中一片汪洋。但若从朝向陆地一侧看去，眼前的景象则是栖木岩灯塔专属的。陆地上灯火辉煌，几乎就在眼前，灯光的颜色显示出它们的位置，新布莱顿郊区的灯光像 1000 面电视荧屏在远方闪烁，利物浦的灯光像是给整座城市上了发蜡。在默西河的另一头，克罗斯比码头上，灯火阑珊，亮着的是龙门架、起重机，以及等待启航船只的驾驶台。

*

在我们所处的岩石灯塔之前，曾有一个名为"栖木"的木制灯塔，它从 17 世纪末开始被用于标记危险。早期的助航设备十分原始，所以"栖木"也不过就是一个托着小火盆的木制三脚架。虽然三角结构相对稳定，但它还是常常被爱尔兰海的巨浪掀翻。另外它遭遇的其他威胁是人为的：打捞者经常会破坏它，以便能打捞被遇难船只冲上岸的货物。正如贝拉·巴瑟斯特在《打捞者》一书中所描述的，据说这些人甚至会搜刮被冲上岸的遇难者尸体，啃咬他们的手指，将他们手上的珠宝取下。1834 年，议会委员会的一项指控揭示了这一问题的严重性。这种人为的破坏，导致 1867 年"伊丽莎白·巴克姆号"在这里失事，损失了一大船的朗姆酒和椰子。据巴瑟斯特的记载，打捞上来的货物很快就被瓜分享用。为了抢在涨潮前将喝得酩酊大醉的打捞者从沙滩上拖走，以防他们溺亡，成立不久的沃勒西警队奔忙了一整晚。

由于海岸线危机四伏，威勒尔半岛早前也建了一些灯塔。英国境内现存最古老的陆上灯塔之一，建成于 1763 年，坐落于里索威，在栖木岩灯塔往西的海岸上。这一地区的灯塔在风俗上与别处的不同。比如，半岛上女性守塔人的比例极高，远超英国其他任何地区。直到1908年之前，里索威的灯塔一直由威廉姆斯夫人负责管理。她是家族里的女强人，带着六个孩子，孩子们整天在灯塔的梯子上跑上跑下。我猜，这些孩子可能也会帮忙盯着光源。威勒尔半岛不在领港公会的管辖范围内，领港公会管理的灯塔只能由男性看管。而利物浦市镇组织对一家人住在灯塔里管理灯塔，则没有特别的顾虑，这样的安排似乎十分稳妥。当栖木岩灯塔的男性守塔人因为行为不端引发问题时，市镇组织开始考虑聘请一家人来管理灯塔，因为这种模式在其他地方运行得非常和谐。但这些计划最终都化为乌有，栖木岩灯塔仍然是威勒尔半岛上唯一一只有男性驻守的灯塔。

老式的"栖木"经过不断的修补和更换，一直保留到了19世纪初。取代它的灯塔于1830年完工，由小约翰·福斯特设计。他是名能干的希腊复兴派建筑师，如今却名不见经传。休·霍林赫斯特在《约翰·福斯特与儿子：乔治亚时期的利物浦建筑之王》一书中，对此人做了精彩的介绍。他的家族因其父老约翰·福斯特在利物浦崭露头角。在利物浦经济繁荣时期，当地政府忙着开发一个主海港。木匠的儿子老约翰·福斯特成了利物浦市镇组织的监工。一时间，老福斯特在利物浦的地位似乎可以和托马斯·丘比特在伦敦的地位比肩。他利用自己身为利物浦市镇组织检验官的职务之便，垄断当地的建筑行业，控制工程的分配。因为建筑的估价和品质控制很容易做手脚，所以一些人怀疑他的名气是靠大规模的欺诈换来的，不过从来没有确凿的证据表明他这么做过。根深蒂固的阶级观念很可能是催生这种怀疑的原因，毕竟，他是一个白手起家的人。

霍林赫斯特在书中讲述了老福斯特被冠为乔治亚初期的利物浦之"王"的经过，以及他的儿子小福斯特如何在他的光环之下，度过了一个金色的童年。尽管父亲是个勤勤恳恳、心直口快、精打细算的工作狂，儿子却是一个浪漫闲散、活泼开朗的幻想家。小福斯特有意进入建筑行业，但能够胜任什么工作还未可知。所以，他二十出头时，和其他许多英国绅士一样，离开英国参加"大旅行"[1]。但拿破仑战争改变了他的命运。传统的环游路线途经的欧洲国家太不安宁，所以，小福斯特去了希腊和巴尔干半岛。

那里的古希腊建筑令他着迷，让他后来成为将古希腊风格建筑在英国推广传播的关键人物。19 世纪初，英国掀起一场被称为"希腊复兴"的建筑运动，古希腊建筑在英国受到追捧。小福斯特的一大优势是，他实地参观过那些废墟建筑，并与随行的人一起围在建筑旁测绘、观察，探索它们的本质。他寄回家的书信洋溢着青春的热情。他与同行的古文物研究者 C.R. 科克雷尔一起发现了几个重要遗址，其中包括著名的巴塞阿波罗神庙，他还就此发表了文章。他认为这些遗迹胜过雅典的帕特农神庙，他热衷于向父亲讲述半人马像的六肢是多么"令人赞叹"。但这一切的背后也有丑陋的一面。福斯特和同伴利用希腊政府混乱且不成熟的管理，拆掉了埃伊纳岛和巴塞的神庙的大理石石雕。他们在竞拍埃伊纳岛的石雕时，败给了德国考古学家。但 1815 年，在时任摄政王乔

---

1 英国人为学习外国文化，前往欧洲大陆学习、游历。这种教育旅行在英国绅士中约定俗成且很受欢迎。

治·奥古斯塔斯·腓特烈的干预下，英国获得了巴塞的神庙石雕的所有权。这一举动与埃尔金将帕特农神庙的石雕从希腊运往英国类似（两尊雕塑现在都藏于大英博物馆内），或许显露出了小福斯特冷酷精明的一面。随着这一次以及其他几次境外尝试的成功，他渐渐树立了自己的口碑，被看作古文物研究者和社会名流。1810年至1811年，他曾与拜伦在君士坦丁堡一起过冬。

1816年，环游结束，小福斯特回到利物浦。对于一个正值上升期的人而言，回归故里多多少少会让人失去闯劲。他回家的原因，或许与跟他在土耳其私订终身的意大利姑娘有点关系。也或许他只是想回到家乡，依靠父亲的帮助，随心所欲地建造希腊风格的建筑。不过，对利物浦而言，他的回归终归是件好事。虽然当时他建的许多建筑如今都已被拆除，但他的建筑给当时的利物浦带来了后来席卷伦敦、爱丁堡和巴斯的新希腊主义。

在我看来，现存的最能体现小福斯特能力的建筑有两处：一是建在利物浦大教堂边的圣詹姆斯公墓教堂，二是栖木岩灯塔。二者是同时代的产物，前者建成于1829年，后者建成于1830年。作为一座公墓教堂，圣詹姆斯教堂整洁小巧，是小福斯特推广希腊复兴风格建筑的有力证明。建筑比例准确，装饰朴素，充分说明小福斯特在希腊的游学经历促进了他对古典建筑的理解。他在建造这件瑰宝的同时，也在监督利物浦码头的建设项目，栖木岩灯塔和堡垒的建造也在同时进行。那段时间，他的工作量肯定是巨大的。这座教堂可能是他为了从其他平庸建筑项目中转移注意力而建的。

虽然小福斯特对古典风格情有独钟，但是栖木岩灯塔的设计风格却异常直白。事实上，这也许是不可避免的，因为这座灯塔几乎复刻了斯密顿的埃迪斯通灯塔。令人惊讶的是，小福斯特竟会丝毫不差地采用斯密顿的风格，没有进行古典化的调整，也没有添加繁复的装饰迎合当时的潮流。可能是因为他忙于其他项目，无暇顾及这些。也可能是因为岩石灯塔的建造在当时仍处在试验阶段，而斯密顿的设计是已知的可行方案。埃迪斯通灯塔本身的魅力可能也是一个原因：它在当时被视为建筑界的小奇迹，体现了英格兰与大海的成功对话，是值得仿效的。小福斯特能够造出与圣詹姆斯教堂截然不同的一座建筑，也证明他确实精通建筑。

但我越是仔细比对栖木岩灯塔和圣詹姆斯教堂，就越意识到古典风格其实深深植根于这两者之中。从根本上看，古典建筑源于希腊和罗马，本质上讲究比例、和谐与对称。这三个特点全都存在于栖木岩灯塔中。在帮助灯塔抵御周围海浪这一点上，这些特点都具有实际的用处。说得更哲学一点，古典风格是秩序的表达，在它出现以前，秩序是不存在的。矗立在不羁海洋上的岩石灯塔，是这一思想的精妙表达（无论大海是否真的被驯服了）。在小福斯特眼里，斯密顿的设计与他在希腊学到的古典主义原则一定十分吻合，这些原则主导着他的建筑工作。栖木岩灯塔矗立在默西河入口，展现了小福斯特和利物浦对进港船只的启蒙，就像贝尔灯塔为苏格兰写就的国家故事一样。

我痴迷于参观岩石灯塔，一部分原因是那种被暂时流放的感觉。1883 年，罗伯特·路易斯·史蒂文森借《金银岛》中的角色本·甘恩，将流放这种"海盗常用的可怕惩罚"融入公众意识。

罗伯特·路易斯是灯塔世家史蒂文森家族的一员。如果我们知道《金银岛》的作者在以写作为生之前，曾在为家族企业建造灯塔时多次被短暂流放到危险的远海礁石上，或许对《金银岛》就会有不一样的认识。

我早先曾有过被流放在霍伊莱克海域的经历，那里是我母亲的家乡，位于威勒尔半岛海岸线距栖木岩灯塔约20英里处。沿外婆家附近的海岸线步行半个小时，便来到红岩，那是几块露出地面的红色砂岩，除了偶尔有人在退潮时去那里野餐，其他时候石面上什么也没有。你必须谨慎地选择时机，因为涨潮的速度很快，吃一块三明治的时间，就足够让海水没过石面将你困住。

大约十岁那年，我和家人步行去那里野餐。我清楚地记得，当我回头打量我们走过的距离时，我的五脏六腑都拧到一块儿了。我在那场冒险中感到一种莫名的兴奋，那是一种因为可能会被大海淹没而产生的兴奋。尽管如此，我们还是盘腿坐下，欣赏风景，享用三明治。大概几分钟后，有人注意到海水在岩石底部打旋。令人难以置信的是，当我们奋力回到岸上，海水气势汹汹地拍打着我们的脚后跟。

被流放格外恐怖的地方在于，它是故意施加于人的，至少从词典对它的定义来看是如此。但自我流放意味着什么呢？岩石灯塔的守塔人选择的职业，使他们被困在灯塔上，定期轮班。当恶劣的天气阻碍了救援物资的及时到来，他们受困的时间就更长。在远离社会的荒地生存，有一种不可抗拒的浪漫，同时也面临着不确定的威胁，但或许这就是浪漫之处。

晚上6点左右，我听到迈克尔惊叫出声。他正站在客厅窗户边，他把威士忌放在窗台上，示意我看窗外的景色：潮水已经冲上海滩，包围灯塔，将我们与陆地隔离开来。那种令人不安的兴奋又回来了，我们被困住了。我们庄严地为眼前壮观的景色举杯，感受到灯塔之旅才真正开始。在接下来的24小时里，我们将与社会隔绝。当然，这有点臆想，因为月球的引力会让海水退潮，明天我们就可以上岸，而且我们的手机信号也把我们与陆地绑在一起。但是，尽管我们不是真正的流放者，即使在这个适度的距离下，我们也仍有一种原始的孤独感，一种压抑的焦虑，害怕出于某些原因，我们可能无法再回到岸上。

在远海灯塔工作的守塔人，常常被滞留在塔上数月。与他们不同的是，栖木岩灯塔的守塔人自由度极高，可以在退潮时抓紧时间往返于灯塔与海岸之间。约翰·罗宾逊和戴安娜·罗宾逊在《利物浦湾的灯塔》一书中记录了许多关于守塔人的有价值的研究成果。塞缪尔·阿普尔顿出生于兰开夏郡的一户纺织人家，1830年，他被任命为第一个领班守塔人，并于同年3月1日点亮灯塔。他曾是一名水手，不过史料并未记载他环游世界的经历。他担任守塔人一职时三十多岁，住在城里。他似乎不情愿搬进灯塔，甚至不愿意住在灯塔附近。考虑到附近海岸的颓败，这或许也是情有可原的。

和众多长期驻守灯塔的守塔人不同，阿普尔顿的通勤时间很规律，因为他既不住在塔里或附近，也不像其他人一样到全国各地的岗位去赴任。每次轮值之前，他都会乘渡轮穿过默西河，到达威勒尔半岛上的小码头埃格勒蒙特。从那里步行2英里到北部的海岸，等待退潮，然后涉水走向灯塔。

这个来回跋涉的守塔人引起了我的注意。所以，在我们到灯塔过夜的几个月前，我决定重走他走过的路。现在横渡默西河的航路已经不是阿普尔顿时代的老路了，所以我只好将就一番，先站在河岸一侧观察他的登船点，然后换到另一侧观察。埃格勒蒙特在利物浦码头的对岸，那里有两上两下的英式住房、树冠覆盖的公园以及粗矮的教堂塔楼，一条气派的长廊环绕着上述建筑。另一个方向的风景，即城区的风景，与这里对比鲜明。广告板自豪地宣传着利物浦的海滨和这座城的创收工具，背后的城市景象一直延伸到地平线之外。尽管受到现代化进程的影响，但大教堂的塔楼和三大建筑物（象征旧时利物浦海上辉煌的皇家利物浦大厦、丘纳德大厦和利物浦港务大厦）仍旧在天际线散发着古老的力量。

从埃格勒蒙特出发，阿普尔顿大概会沿正北方向穿过旧时的沃勒西和利斯卡。我沿着海滨路往前走，这条路的前身就是从埃格勒蒙特去海岸的路。这里静悄悄的，沿街有一排排两层的红砖小楼，几个锯齿状的塔顶从一片屋顶中冒出来，有圣詹姆斯教堂和诸圣教堂的塔楼，还有戈斯山上的老水塔。这里的特色介于体面与杂乱之间。我继续往前走，经过一座低矮的红色砂岩教堂（前庭杂草丛生），公园里破旧但华丽的栏杆，一小排商铺。再往前走一段，道路逐渐下沉，看起来前面就是海了。远处，栖木岩灯塔突兀地从一片规则的屋顶和梯田状的房屋中耸现出来。

在阿普尔顿生活的时代，威勒尔半岛几乎还是一片多沙荒野，道路两旁只有几座建筑物。堡垒和灯塔建成之前，这里的基础设施寥寥无几，人口也很稀少。即使到 19 世纪初，人口普查的数据也仅有 201 人。大多数当地人在某种程度上与海洋有关，他们的船停在海滩，而不是任何正规的码头。荒地周围零星地分布着一些小而凌乱的住房和旅店。那里的居民按氏族聚居，没有受过教育，其中可能有异族通婚的后代。在堡垒建立之前，警察和军队都远在默西河对岸的利物浦，所以这个地方实际上是缺少法治的。其中，有一座格外臭名昭著的建筑，叫"红帽妈妈小屋"，据说从 1595 年就开始营业。这间具有多种伪装的公共小屋在"妈妈"波尔·琼斯的管理下声名狼藉，她为走私者和上文所说的靠海岸营生的沉船打捞者提供安全住所。直到 1974 年，它才被拆除。

这种风貌一直未曾改变，直到 19 世纪中叶利物浦的航运业繁盛起来，已经超过了近邻切斯特，开始需要更稳妥的风险保障，以避免私掠船（他国许可的海盗）的进犯和海洋中的危险。当时的切斯特是西北部的主要航运中心，但流经切斯特的迪河已经淤塞。人们从埃格勒蒙特开辟出一条更好的航道，通向半岛尽头渔夫的小屋和渔船。19 世纪 20 年代末，灯塔和堡垒双双落成。堡垒是座震慑人心的三角形砂岩建筑，截断了通往默西河的路，以此解决因商户进出利物浦而导致的日益严重的海盗问题。阿普尔顿可能走过这段新路，看到过远处路的尽头这座新建的庞大红色堡垒，还可能看到过他的像一根白针一般的工作场所。

这两座建筑是不久后当地开启全面发展进程的先行者。富商詹姆斯·阿瑟顿发现了商机，买下当地 140 英亩[1]的土地，一直延

---

1 1 英亩≈4047 平方米。

伸到海边，并于19世纪30年代至40年代在此建造别墅。别墅之间的楼距宽阔，不会互相遮挡视线。随后他开始闪击式的宣传：当地报纸称此处为"兰开夏郡名流的高端海滨浴场"，是"最适合所有邻近郡县贵族绅士的、最理想的度假胜地"。这块被投机建设的土地命名为新布莱顿。

随后，此地人口攀升。但将新布莱顿打造成高端地块的尝试却受到了打击，该地从前破旧颓败的形象变本加厉。这次尝试留下的除了地名，再无其他。项目发起人阿瑟顿于1838年猝然离世，项目开发也随之停止。新布莱顿渐渐以一日游闻名，而没有成为原本设想的"名流"聚集地，没有了本要为名流打造的渔乐码头、游艺活动、沙滩骑驴以及其他海滩娱乐项目。高楼大厦纷纷拔地而起，代表建筑如新布莱顿塔。它在1900年竣工时，比布莱克浦尔塔还要高121英尺，是当时英国最高的建筑。第一次世界大战后不久，它就被拆除了，因为它的所有者无力支付修缮费用。21世纪初，某出版物曾轻蔑地评论道："实话实说，可能除了利物浦人，没有多少读者想看到新布莱顿的旅游推荐。"

随着一日游的游客来到海边的，还有一些乌烟瘴气的人。几间被称为"魔鬼巢穴"的棚屋和咖啡馆，就像是水池里的放水孔一样，是这种污浊风气的影响力中心。这些小屋原本是灯塔和堡垒建设工人的住所，但很快就沦为啤酒馆、妓院和赌场。"红帽妈妈小屋"的接手人在火腿蛋商业街开设了一些店铺。道格早些时候曾告诉我们，那是一些花一便士就可以喝茶泡妞的地方。《三怪客泛舟记》的作者杰罗姆·K. 杰罗姆在他创办的《今日报》中写过一篇令人吃惊的社论，谈到他1894年在新布莱顿看到的社会进展。

驻守堡垒的士兵和阿普尔顿的同事们使这里的淫秽风气更加猖獗，他们中的许多人酗酒成性，终日懒散。阿普尔顿的两个下属——约翰·威廉姆斯和威廉·弗洛克哈特——因多次在值班时醉酒而被解雇；第三个下属——马修·柯温——在被解雇前行为持续不检点长达九年的时间。灯笼和雾钟得不到重视，经常被到海滨酒吧和妓院享乐的守塔人遗忘。阿普尔顿本人似乎是一个神经紧绷、行为自律的人，并未参与这些享乐活动。令人震惊的是，这一切都发生在离灯塔如此近的地方。灯塔阳台栏杆的一侧是大海，另一侧竟是堕落的腹地。

　　那天晚上晚些时候，当我们在阳台上艰难地抽着雪茄，蜷缩在冰冷的砖石上时，我们体会到了阿普尔顿的不满。这里的风很大，正如预报的强风天气一样。长长的深色船只从默西河驶出，像熨斗一样缓慢而坚定地驶过海面。少有船长会在海景中扫视我们所在的灯塔，但我们却像偷窥者一样观察着他们的一举一动。从大多数岩石灯塔上看到的景色都很单调，无边无际的大海像一片望不到头的大草原，但在栖木岩灯塔上可以看到许多东西。在默西河与爱尔兰海交界的这片海域中，即使在今天，仍有船只来来往往。

　　伯肯希德的几家大型造船厂是这片海域忙乱嘈杂的另一个原因，它们就位于利物浦对岸的威勒尔半岛。其中最著名的是坎梅尔·莱尔德造船厂，它由两座建于19世纪初的钢铁厂合并而成。这是英国的一个造船中心，可与格拉斯哥或纽卡斯尔媲美。它一开始专注于铁壳船的制造，后来拓展到制造各种金属船只。它的鼎盛时期从19世纪20年代持续到1947年，在此期间，这家造船厂共有超过一千艘船舶下线。

阿普尔顿和他的同事们肯定从灯塔的窗户看到过大名鼎鼎的皇家海军舰船"伯肯黑德号"的首航。1845年，它以皇家蒸汽护卫舰"伏尔甘[1]号"的名称首次下水，后来被改为运兵船，并改名"伯肯黑德号"。这是坎梅尔·莱尔德造船厂为皇家海军建造的首批铁壳船中的一艘，1852年，它在运送兵力前往第八次科萨战争（一场至今原因不明的冲突）的战场时，于南非海岸失事。"伯肯黑德号"当时正紧靠海岸行驶，这条路线虽然危险但更省时。船上约有640人，包括一些士兵的妻儿。行驶中，船只撞上一块未被标记的礁石，后部受损，开始下沉。因为船上的救生艇不足以容纳所有乘客，士兵奉命在甲板上等候，让妇女儿童先行登上救生艇。据传，当时的情景像电影里一般，全体保持静默，只有船在呻吟，疯狂颠簸，然后在礁石上解体。一名生还者描述，在一片狼藉的甲板上，除了指挥官沉着的指令以及马蹄声之外，什么也听不到。

"伯肯黑德号"在离岸两英里处沉没。一些士兵脱掉身上的军装，扔掉口袋里的硬币，游过了这一段距离。另有一些士兵却被他们沉甸甸的行李拖入水里溺亡，或在海中冻死，或被鲨鱼吞噬。九匹马中有八匹安全上岸。维多利亚时代充满想象力的文人钦佩这种勇气，纷纷提笔，比如，吉卜林就在1893年写下诗作《是士兵也是水手》来纪念这一事件。普鲁士国王下令，在军队的每个团前朗读这首诗作。这是已知最早的将"妇女儿童优先"原则用

1　罗马神话中的火与工匠之神。

于海上疏散的例子。后来，在危险点建起一座灯塔，以标记那块未被标记的礁石。

在伯肯黑德建造的船还有"马·罗伯特号"，1858年，大卫·利文斯通正是乘坐这一艘船踏上了不幸的赞比西远征。据说，这是第一艘完全用钢铁制造的船。还有"阿拉巴马号"，这是美国内战时最为精良的军舰之一。1862年，这艘船在伯肯黑德秘密组装，供南方海军使用。它以化名从阿普尔顿和其同事眼前离开，驶入外海以后才被重新组装，以免与英国在美国内战中的中立态度相冲突。"皇家方舟号"航空母舰于1937年在伯肯黑德下水，使用这个名字的军舰不止这一艘，它的前身是在1588年击败西班牙无敌舰队的主舰（1587年投入使用）。伯肯黑德的业务范围并没有止步于船只，早期伦敦地铁的一些车厢，也是20世纪20年代在此制造的。你说奇怪不奇怪？

要说有哪艘船会让守塔人感到陌生，那应该是"振兴号"——1879年在伯肯黑德下水的一艘潜艇。这艘船由牧师乔治·加勒特设计，船身为橄榄形，中部像一面铁鼓，两端如圆锥，顶部是一个简易的指挥塔。这个蒸汽驱动的怪胎，与早期的坦克类似，里面很烫，而且不断振动，人无法长时间待在其中。但它总长45英尺，内部空间很大，足够让人直立。虽然加勒特设计的潜水艇十分笨重，也不够稳定，但他却有能力说服投资者资助，建造供俄国、希腊和土耳其使用的潜水艇（他后来甚至被任命为土耳其的海军军官）。不过，没有一艘运转良好。1880年，"振兴号"经利物浦湾前往朴次茅斯试航。由于拖船出现问题，潜艇上的所有船员前去帮着修理，留下潜水艇无人看顾。匆忙中，他们忘记了潜艇的门只能从里锁上。没有关上的舱门导致潜艇内部灌水，迅速下沉，差点将拖船也拖入水下。后来，命运跌宕的加勒特在佛罗里因经营农场不善败光所有积蓄。

盘点这片海域曾经的几大名船（以及怪船）之后，我们认识到，如今英国海域的用途以及人们对它的看法是多么不同。我和迈克尔不知道我们在黑暗中观察到的船只的名字，但它们不像"伯肯黑德号""阿拉巴马号"和"皇家方舟号"那样，曾引起国人的强烈共鸣。虽然阿普尔顿和他的同事们曾使这座灯塔运转自如，但我和迈克尔现在露营的地方已经是一栋闲置多余的建筑。对守塔人而言，生活步调周而复始，由时钟精确地决定。为了保持光学元件不停旋转、锁链和重物在铁管内不断上下滑动，值班的守塔人必须按顺序完成一系列严格的任务，好像解魔方一样。守塔人必须抛光镜片，上齿轮发条，扫描地平线，拉响雾钟，每小时更新一次监测情况，点灯，测风速，记温度，升降旗帜，移动潮汐信号球，清洁铜器。因此，耐心和严谨是最重要的。

如果说我们是探险家，他们则是肩负重任的工作者，犯错的代价或许和"伯肯黑德号"的沉没一样高昂。这项严肃的工作和上述那些守塔人的不端行为之间，似乎暗含着一种冲突，不过从未听说深海灯塔守塔人有过类似不端行为。近处灯红酒绿的海岸，对栖木岩灯塔上的人影响太大。我们对这些守塔人在这样一台精准运作的机器上所表现出的轻率和鲁莽，心生一丝感慨。最后我们把受潮的雪茄烟头扔到栏杆外，进屋睡觉。

中世纪骑士文学《高文爵士与绿衣骑士》中记述了高文爵士

经过威勒尔半岛（他觉得这里是野蛮之地），在绿教堂找到绿衣骑士的旅程。途中，"在许多个晚上，筋疲力尽的他躺在光滑的岩石丛中，裹着盔甲入眠"。此刻的夜里，我在卧铺的最上层被冻醒，寒意刺骨，感觉自己像是睡在一块金属上。我清点了一下，我穿戴着帽子、围巾、睡袋、羽绒服、卫衣、羊毛衫、衬衫、T恤、保暖裤、长裤、四双袜子，还戴着做木工时戴的那种防尘面具遮住口鼻。远处大海上的涟漪在窗户上摇曳，今天的海面是鸽灰色的，一片雾蒙蒙。灯塔的外墙由灰泥、交错的石料和厚厚的船用漆建成，可以抵挡雾气，但却无法抵挡二月的寒气。我突然想到曾在这些卧铺上休息过的其他人，如果他们在上工前醒来，会是什么样呢？对他们许多人而言，这一定是他们仅有的真正的私人空间。刘易斯曾写下20世纪20年代他在主教岩上度过的时光。他想象着，自己头边的木件和砖石或许存下了先人的感触，他就像枕着先人的感触。我也觉得灯塔里面一定承载着什么，静静躺在我头边的，或许是对岸上爱人的思念，是饥饿，是烟草，或是对别处的憧憬。

我们还记得和道格的约定，要把塔内收拾干净。但由于早上天气不佳，人也变得懒散起来。昨晚的兴奋已经化作一堆繁杂的琐事，冒险的新鲜感已经被睡眠冲淡，我们现在不过是灯塔里沉闷的住客。屋子冷冰冰的，不讨人喜欢，而且我们没有咖啡提神，只剩了点威士忌。准确地说，一切看起来都相当凄凉。我走下楼，看到迈克尔在客厅的一地橘子皮里皱着眉哆嗦。

我们越讨论这项任务，就越意识到我们的装备有多么不齐全。厨房和灯笼非常脏乱，清扫难度远远超出我们两个人的能力范围，

10. 灯塔的卧铺，2016年

几小时内解决不了。要清理干净，至少需要一周时间，而且需要专业清扫人员。打扫中部的客厅和卧室比较容易，但由于它们的保存状态相对良好，我们不愿过多地清洁，以免破坏一些易碎的灰泥装饰，或淡化这个地方的本色。我们打起精神，开始清理我们昨晚制造的垃圾（量大得惊人），接着打扫地板。我们打开所有能打开的窗户，为灯塔注入新鲜空气。我和迈克尔曾经是室友，这段经历可帮了大忙，因为高效的家务管理少不了指手画脚和相互点评。尽管身为诗人，迈克尔在家务方面却出人意料地细心。我则兴致缺缺。大约半个小时后，客厅和卧室都被打扫干净了，恢复到最初我们看到的模样。我们往上走向灯笼。道格特意交代过我们，要清理鸟尸。我扫了一眼迈克尔，他便把鸟的尸体铲进门边的一个旧板条箱里。气味有些令人作呕。起风了，我们小心翼翼地挪到灯塔向海的一侧。迈克尔沮丧地将鸟尸举过头顶。猛然间，不知道从哪儿飞出来一群海鸥，鸣叫着围着灯塔盘旋，追逐着每一具被风吹向大海的鸟尸。

我们渐渐觉得，道格让我们清理灯塔的提议纯属异想天开。他一定知道我们能做的事是多么有限。前一天下午，我们在堡垒里做准备时，曾谈及道格的特殊财产。堡垒是一座宏伟的三角形建筑，一个尖端指向大海，墙壁是厚重的红色砂岩，两端有低矮的炮塔。正中有一个大大的拱形开口，小护城河上有一座吊桥。穿过拱门，是一个三角形庭院，地上铺着参差不齐的旧石板。几段楼梯通向炮台和其他房间。我们是在庭院里穿上涉水裤的，道格也是在庭院里告诉我们，他的父亲在"二战"时期亲眼看到一架喷火战斗机在伯肯黑德公园被敌方击落。多年以后，飞机残骸被埋，他们父子俩拿着铁锹跑回去，将飞机强大但已破损的劳斯莱斯梅林发动机挖出来，带回堡垒。这就是堡垒被改造成地方和军事历史博物馆的开端。大约二十年前，道格继承了这座博物馆。灯塔随之而来，道格几乎是偶然地拥有灯塔的。他的大部分精力都投入到了堡垒博物馆上，他策划展览、举办演出（主要是默西之声的演出，这倒与这里相得益彰，因为有许多默西之声都和这座堡垒以及灯塔有关），一直没有荒废这座建筑。

尽管灯塔离海岸有点远，但它与博物馆有着视觉上的联系。被遗弃的灯塔几乎可以算是博物馆中的一件永久藏品，因为它的建筑功能淡化了，现在更像是一件艺术品。灯塔的未来模糊不清。在我们离开几周后，道格告诉我，作为某项建筑保护工作的一部分，灯塔有望被重新点亮。他发来的文件显示，恢复照明后的灯塔将是装饰性的，不适合导航。我不知该做何感想。这是否有些不妥？仿佛轻视了灯塔曾经的某项重要功能，所有难以走进且维修费用高昂的古建筑都面临着同样的困境。道格提到，灯塔的前任所有者曾计划将它改造成蜜月套房，调侃说要把新娘抱过门槛，放到守塔人的床铺上。目前似乎想不到可以保留灯塔功能的新用途，但将其遗弃在大自然中似乎也是不对的。我想，既然它是多余的，不如将它视作一座纪念碑，它歌颂的是一门拯救生命的艺术，它代表的行为，是那些远在目力之外、仍在运作的岩石灯塔还在践行的。

道格只是偶尔登上灯塔检查塔内状况，通常是在冬季暴风雨后。当我问及这座塔的未来时，他脸上掠过一丝倦意。道格拥有这座塔的所有权是很反常的。英国其他地方也有一些私人所有的沿海灯塔，但这些灯塔和其他陆地建筑并无不同，只不过有一个巨大的照明设备，依旧能够像其他建筑一样得到修整和再利用。可是，拥有一座水中的废弃岩石灯塔则是完全不同的。它是专门为照明设计的，当这种用途被取消时，留下的只是一团辛酸但不实用的美好回忆。我猜他想说这座灯塔是个很重的负担，但不知出于什么原因，他没有开口。

下午2点半左右，潮水缓缓退去，我们看到道格离开城堡，穿过刚露出水面的沙滩。几年前，他走过的那片区域曾被潮水冲刷出中石器时代的圆形房屋遗迹，令当地考古学家大为欢喜。人们曾抓紧时间进行挖掘，防止涨水最终将遗迹抹去。道格从那些圆房子的遗迹中走出，向灯塔走来，停在灯塔周围的水洼前。我们已经在这座鬼魅的建筑里闷得够久，所以我们兴奋地从窗口向他叫喊，有点像小孩看到父母一样。他也冲我们挥手，面带愉悦，好像为我们平安地度过一夜松了口气。

插曲：布莱克沃尔灯塔

一座实验性灯塔

建成于 1866 年

位于伦敦布莱克沃尔

我在伦敦道克兰轻轨的东印度站下车，沿着双轨车道的边缘前行，车道上往返伦敦的车辆呼啸而过。过往车辆留下的旧垃圾嵌在树篱中、散落在人行道上，无人捡起。车道开出了一条通向泰晤士河的岔道，道路两边是破败的砖墙、钢篱笆、瓦楞铁棚、了无生机的窗户、各种死气沉沉的建筑门面。我不时地退向狭窄的人行道内侧，因为不断有卡车驶来，快速并入主路。

在河的一个拐弯处，有一座实验性的灯塔，砖砌而成，规模很小，现在已经相当破旧。它位于伦敦东区布莱克沃尔灌木丛生的工业区，不在波涛汹涌的大海上，离海还有一段距离。1866 年至 1988 年，这里曾是英格兰、威尔士和海峡群岛灯塔的工艺检测场。偏远的岩石灯塔所用的灯笼装置，就在这样一个满是住房、办公楼以及其他生活建筑的环境中得到测试。

我原以为参观这座城市灯塔要比参观海上灯塔容易些，但我却产生了一种怪异的熟悉感，尽管我已经从英国的边界走向中心，但我感觉自己仍在大胆冒险。两种环境有共通之处，在航道和环城公路上，人都是次要的。

尽管岩石灯塔的恢宏构造引人注目，但它们在白日里呈现的这种造型，其实是由它们在夜间发挥的作用决定的。塔顶的一些装置，就像塔底的花岗岩柱一样吸引人。尽管这些装置最后都会被运往英国的边界地区，但它们的制造地几乎都在英国的中心地带、工业中心和其他城市工厂。尽管用于建造灯塔的花岗岩几乎都开采自和大海一样荒芜的地方，比如上文提到的环境恶劣的康沃尔和苏格兰采石场，但精细的照明设备却是在大都市打造的。

岩石灯塔承担着警示最严重危险的责任，不适合用作试验场所，而且灯塔位置偏远，空间狭窄，不便于操纵试验设备。理智的做法，是在沿海灯塔或内陆工业区进行风险更低、物流更方便的试验，或者将两者相结合。我发现这座灯塔就是如此。

虽然灯光测试和开发并非布莱克沃尔专属，但我之所以被吸引到这里来，是因为这座灯塔是英国和爱尔兰境内唯一一座专为实验而建的灯塔。从本质上说，试验是短暂的，几乎不会留下持久的痕迹；而在布莱克沃尔，这座实验性灯塔就是一个痕迹长久存在的证据。它的魅力使我必须前来探访。在某种意义上，它与海上灯塔不同，但又有相似之处。毕竟，坐落于城市的灯塔，就像从海上升起的灯塔一样，引人注目。

早期岩石灯塔的灯笼里点着蜡烛，亨利·温斯坦利于1699年加固的埃迪斯通灯塔在这方面登峰造极："竖直的塔身上有一盏直径11英尺、高15英尺的灯笼，灯笼的八个面分别装有八扇大玻璃窗，下方是八块方板，笼内可同时燃烧60支蜡烛，另有一盏巨大的吊灯。"蜡烛在灯笼内的摆放方式并没有详细的记载，可能会以同心八角形或圆环形排列，也可能会摆成枝形吊灯型。

每扇"大玻璃窗"实际上都是嵌有36块小型"方板"或方形玻璃的金属网格。当时的玻璃工艺仅能造出小而厚的玻璃板，更大更薄的玻璃板制造技术直到18世纪晚期才出现。温斯坦利这60支蜡烛的亮度，会因为灯笼的金属框架和玻璃的厚度而受到很大影响，暴风雨留下的盐渍会进一步加剧这一问题。而且，埃迪斯通位于距供货地普利茅斯13英里的地方，物流问题十分棘手。供货船在暴雨天气无法出航，有时，暴雨持续的时间极长，灯塔上的蜡烛储备甚至会被耗尽。

约翰·斯密顿在他的灯笼里挂了一盏由24支蜡烛组成的"枝形吊灯"，蜡烛排列在一大一小两个木环上，木环悬挂在用齿轮和滑轮调节平衡的绳索上。当约翰·斯密顿在普利茅斯第一次看到灯塔的烛光时，他说这束光"像一颗四等星"。

但是，蜡烛是种麻烦的光源。随着蜡不断被消耗，火焰的高度会下降，这就导致导航烛光时高时低，随着蜡烛使用时长的变化而变化。当许多支蜡烛被一起点燃，而且又处在不同的燃烧阶段时，发出的烛光就像一团不均匀的小火焰。蜡烛油脂或蜡的质量若是不佳，燃烧时可能会产生浓烟或留下污渍，减弱光线强度并使灯笼起雾。

受到影响的不仅仅是岩石灯塔。对清洁、可靠、便于使用的光源的需求，实际上是全球性的。家庭、工作场所和街道与海洋一样，都需要照明。若能解决这个问题，定能大赚一笔。其中一个解决了部分问题的人名叫阿米·阿尔冈，他因自己的发明专利问题被法律欺诈困扰了多年。阿尔冈是18世纪瑞士的化学家，也是白兰地蒸馏器和热气球领域的先驱者。1784年，他发明了一种新型油灯，大大改进了当时在设计和操作上还十分古老的灯具。

他发现，用玻璃管套住圆筒形的烛芯，可以极大地增强内部通风，而且流动的空气可以产生清洁无烟的火焰，其亮度比蜡烛或老式油灯都要高很多。齿轮齿条装置可以调整烛芯的高度，烛光便不会随着灯芯的消耗慢慢下降。

亮度（或"发光强度"）以坎德拉为测量单位，一坎德拉约等于一烛光。仅一盏阿尔冈灯发出的亮度就可达 10 坎德拉，因而阿尔冈灯很快取代了蜡烛和明火在全英国灯塔中的地位，成了首选光源。例如，1811 年，在新落成的贝尔灯塔上，闪闪发亮的灯笼里，24 盏阿尔冈灯整齐地排成三排，围在矩形金属架上。每盏灯上都有一个装着 24 盎司 [1] 鲸油的黄铜储油罐，足够每盏灯燃烧 18 小时（相当于设得兰群岛的最长夜长）。理想状态下，这 24 盏阿尔冈灯的亮度可达 240 坎德拉，与贝尔灯塔之前的灯塔相比，亮度提升了不少。

> catoptric：＜形＞镜子、反光面、反射的，或者与镜
> 子、反光面、反射有关的（源自古希腊语"katoptron"，
> 意为"镜子"）。
>
> ——《牛津英语词典》

但明火的照明都类似，无论火焰的亮度如何，如果没有被包裹、没有聚焦，光线就会四散，造成浪费。据说，一些古代灯塔

1　1盎司≈28.35克。

利用磨光的石头或镜子捕捉散射的光，使其照向选定的方向。后来，在 18 世纪和 19 世纪初，这一方法被运用于灯塔，并被称为"反射"系统。

18 世纪 60 年代，利物浦码头的一个负责人威廉·哈钦森曾试过在威勒尔灯塔的灯光后侧放置嵌满玻璃镜的金属碗，这些金属碗看起来像半个翻了面的迪斯科灯球。在探访苏格兰时，我得知，罗伯特·史蒂文森的继父托马斯·史密斯设计了半球形的金属反射镜，以增强新城的灯光，后来它又被用在 18 世纪 80 年代以后建成的苏格兰早期灯塔上。这个设计最初是为爱丁堡的路灯构思的，后来经过改良，被用在饱经风暴袭击的灯塔灯笼上。再后来，又被应用于其他领域，例如汽车的车头灯。

因此，罗伯特·史蒂文森在他的 24 盏阿尔冈灯背后都安装了抛物面反射镜。这些反射镜是内侧镀银的铜板，被锤打成抛物面形，就像浅口盘。选择抛物面而不是球面，是因为抛物面会以最佳角度聚拢所有四散的光线，使它们集中照向一个方向。史蒂文森设计的灯笼里所有的光线累加起来的亮度远远超过了 240 坎德拉，让灯笼看起来就像一颗"一等星"，而不是一支蜡烛。

史蒂文森并不是第一个在岩石灯塔中使用阿尔冈灯和反射镜的人。早在 1796 年，这套系统就曾被安装在第一座朗希普斯灯塔上，但那时的灯光以及早前岩石灯塔的灯光都是静止的白光。19 世纪初，英国和爱尔兰的海岸线上陆陆续续建起灯塔，其中许多灯塔射出的光都是静止不动的、同种颜色的，水手很难区分它们。

这又引发了另一个问题：不管光线多么强烈，如果无法与附近的其他光亮区分开来，就可能造成导航误差，甚至招致海难。

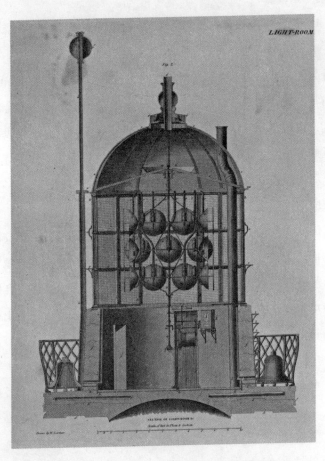

11. 贝尔灯塔灯笼内的油灯及反射镜的剖面图，1824年

为了给贝尔灯塔打造出容易辨别的灯光或"特征"，史蒂文森设计了一种红白交替的光。他没有设计复杂的装置让灯熄灭和亮起，而是找到了一套更简单的解决方案。虽然灯火在稳定燃烧，但是架着灯的金属架却在缓慢地旋转。当每一组红白灯光进入远处观察者的视线时，距离和光速会让它们呈现出短暂的闪光。

在灯笼里，红色玻璃被安装在矩形金属架较窄的两边的反射镜前，金属架由一根系在鼓轮上的绳子牵引转动，绳子从上面四层的内墙凿出的凹槽里滑落，从下面几层楼中间的一根铁柱中穿过。这个装置每8分钟完成一次运转，带动吊灯旋转两圈。

贝尔灯塔的射程足有35英里，为灯塔照明创立了新的标准，它不仅完善了油灯和反射镜技术，同时也创立了一种在夜间识别岩石灯塔的新方法。这些技术和方法被迅速传播开来。1810年，领港公会换下了斯密顿建造的埃迪斯通灯塔上的蜡烛，装上了阿尔冈油灯以及反射镜。后续建造豪博莱灯塔、特温杜灯塔、普利茅斯防波堤灯塔时，从设计之初开始，就要求搭建灯塔时内部必须为油库和齿轮装置的管道预留空间。

1830年，小约翰·福斯特的栖木岩灯塔也有类似的设计，闪烁红光之后会闪烁两次白光，红白闪光间隔1分钟。突然间，我们那天夜里在栖木岩灯塔里看到的一切都说得通了。中间那根包裹着绳子和重物的铸铁管，以及停用的灯笼里生锈的发条装置，就是旋转油灯和反射镜所用的齿轮装置。只是灯光本身不见了。

英国的大多数灯塔都安装了反射镜，只不过这一轮更新工作刚完成，英吉利海峡对岸就有人发明了更优秀的新产品。奥古斯丁·菲涅耳是法国一名善于创造发明的年轻工程师及科学家,他的工作内容是负责监督道路建设。在沉闷的工作之余,他对光波理论进行了广泛的研究。研究的副产品是一种折射透镜,这种透镜聚集的光比任何反射镜聚集的光都更明亮。

> dioptric: <形> 1. 作为视觉媒介的;屈光辅助
>
> 视力的; 2. 折射的; 由折射引起的(源自古希腊语
>
> "dioptrikos", 词源为 "dioptra", 意为 "一种经纬仪")
>
> ——《牛津英语词典》

菲涅耳的仪器没有把光源安装在反射镜前,而是用透镜将光源围住。他的透镜没有利用反射原理,而是利用折射原理收集光源散射的光线,并通过一个圆形光学元件将其放大为一道光束。巧妙的是,以"牛眼透镜"为中心排列的同心玻璃棱镜,会将捕捉到的散射光线集中到中心光束内,从而发出比反射镜汇聚的光束更明亮的光,因为反射镜只能捕捉大部分而非全部散射的光线。

1821 年 4 月 13 日,巴黎的夜晚寒冷而清朗,能见度极好。在一场精彩的城市灯光秀中,菲涅耳首次测试了他的新式透镜,同时接受测试的,还有两套与之竞争的反射系统。待测装置被安排在巴黎天文台的两侧,法国灯塔委员会的委员、水手以及众多的观众站在巴黎另一端的蒙马特高地上。特蕾莎·莱维特在其权威的著作中称,菲涅耳的透镜"明显胜过竞争对手,(抛物面)反射镜现在似乎变得无关紧要了……法国难得地在技术进步方面击败了英国"。他的透镜被安装在鲁瓦扬诺富特灯塔上,这是法国最古老、最宏伟的灯塔，位于法国西海岸偏南端的吉伦特河口。该透镜发出的亮光，相当于英国最好的38面反射镜发出的亮光，而耗油量仅是后者的一半。

不久之后，罗伯特·史蒂文森到此参观。他马上察觉到了这项创新发明的重大意义，并就将该系统引入苏格兰征求菲涅耳的意见。1833年，他效仿菲涅耳在巴黎组织的灯光秀，在距离爱丁堡12英里的地方对法国的透镜、英格兰的初代透镜以及苏格兰的反射镜进行了比较。北方灯塔委员会的委员们在市中心的卡尔顿山上，看着罗伯特·史蒂文森展示法国透镜的出众之处。在罗伯特·史蒂文森和他的儿子艾伦·史蒂文森的推动下，法国透镜逐渐被安装进苏格兰的灯塔里。

这几场灯光奇景令人眼花缭乱，将从前专属沿海地区的风光带到了国家中心，极好地具象化了19世纪初法国和苏格兰在光的传播方面取得的进步。与之不同的是，英格兰的灯塔使用的仍是反射镜，质量各不相同，维护工作常常不受重视。早在1818年，罗伯特·史蒂文森就曾参观过兰兹角外的第一座朗希普斯灯塔。他在那里看到"衣衫褴褛、不修边幅"的守塔人在灯塔的灯笼里烤肉，油脂和烟雾附着在反射镜上，灯光甚至变成了棕色。这是一个极端的例子。

苏格兰和法国的优势在于，它们的灯塔处在单一机构的统一管理下。然而，英格兰的灯塔分别由领港公会和众多私营者管理，要统一照明亮度实属不易。这种状况在1836年得到了改善。那一年通过的议案废除了灯塔私有制，并赋予领港公会购买灯塔租约的权利。同年，领港公会聘请迈克尔·法拉第为科学顾问。如今，法拉第最广为人知的是以独立科学家身份所做的实验，比如他在1821年9月发现，将通电导线放进汞池（一种良好的导电体）后，通电导线将绕着汞池中心的磁铁旋转。由此，他发现了电磁转动现象，也就是电动机运转的原理。

1803年，领港公会在布莱克沃尔开展业务，他们在莱亚河和泰晤士河的交汇处租下一块地，建起一个码头和几个用于存放浮标和海标的仓库。在这些不起眼的建筑中，有一间是法拉第的工作室。领港公会还临时为他弄来了一盏试验灯笼，他很快便开始思考如何用电点亮灯塔。他测试的第一批照明装置之一是碳弧灯，其原理是利用连接到电池两端的两根碳棒之间产生的电火花发电。经过1852年到1854年两年的试验，法拉第得出结论，这个系统应该留在实验室里，不适合用于灯塔，因为它的操作方法对守塔人而言太过复杂，产生的光源也不够稳定，而且电池发出的酸性烟雾会弥漫整个灯笼，让里面的人窒息。

法拉第试验的另一套装置依旧使用了碳弧灯，但另加了一台蒸汽驱动的电磁发电机。这种发电机是化学家弗雷德里克·黑尔·霍姆斯教授在19世纪50年代末根据法拉第于1821年关于电磁转动的研究而发明的。霍姆斯发现了一种方法，使得碳极之间能够产生亮度稳定、质量可靠的光源，优于前一套装置产生的不稳定火花。法拉第在布莱克沃尔利用这套装置演示的实验表明，它产生的光比任何明火都要强烈，从而将蒸汽驱动的电磁发电机带进了肯特海岸上的邓杰内斯角灯塔和南岬角灯塔。

至少在接下来的五十年内，社会还未实现普遍通电，所以，上述例子都是电灯在早期的开创性应用。尽管法拉第的这套发电装置大而笨重，无法立即应用于岩石灯塔中，但他留下的宝贵发明，最终在20世纪末成就了发电机和电动机，并被安装进了各个灯塔。

法拉第除了利用电力做试验之外，还考虑到了灯光清晰度的问题。油灯的燃烧过程虽然很干净，但却会在灯笼玻璃上留下冷凝水，影响灯光的质量。灯笼，特别是岩石灯塔的灯笼，通风极差。由于玻璃窗被封，室内唯一的通风来源就是阳台的门或屋顶的小格栅。法拉第多次参观英格兰的灯塔，终于在布莱克沃尔的工作室里苦心设计出一种烟囱。这种烟囱可以排出灯笼内的潮气，保持玻璃清洁，同时又可以防止天气对灯笼内脆弱的灯光造成影响。这项发明大获成功，不仅被用在英格兰的灯塔上，甚至还被用到了伦敦雅典娜俱乐部和白金汉宫里。

在法拉第实验的推动下，英格兰灯笼的灯光几乎可以与苏格兰和法国耀眼的灯光比肩了。但是，在19世纪60年代以前，并没有一个固定的场所或指定的地点来展示这些灯光，它们只是偶然出现在城市的某些高点上，或是出现在法拉第那不起眼的小作坊里，以及仓促完工的灯笼里。随着19世纪中叶以后灯塔的不断发展，以及英国海域船只数量的不断增加，领港公会在布莱克沃尔码头建起了英国第一座，也是唯一一座实验性灯塔。曾经在试验中短暂出现的灯光将得到长久的表达。

1862年末，詹姆斯·道格拉斯出任领港公会总工程师。他出生在布莱克沃尔上游几英里处的鲍伊，后来成为英国最著名的灯塔建筑师之一。当时，兰兹角外的狼岩上正在搭建一座灯塔。这座灯塔的建造过程将是一场惊心动魄的漫长历险。

与此同时，领港公会要求在布莱克沃尔码头新建一些建筑，以缓解灯塔网络现代化以及加大照明功率和范围带来的压力。但在 1858 年，尽管法拉第已在布莱克沃尔做出成果，皇家灯塔管理委员会却发现，英格兰的灯塔和航海辅助设施在技术上不完善，管理也很糟糕，仍有很大的改进余地。这其实是苟延残喘的混合所有权制度带来的效率低下的恶果。

道格拉斯作为总工程师的第一份工作，是设计一个新的锁链浮标仓库，仓库内包括一座适合进行光学实验的灯塔。顾名思义，这栋建筑的另一个功能就是储存大量锁链和巨型浮标。它们是从领港公会管理的海岸线运至这里进行维修的。这时的道格拉斯已是一位头发花白的老者，他从偏远的兰兹角回到利河谷。他将彻底远离曾经占据他诸多岁月的花岗岩灯塔，远离那些地方的偏僻孤寂。

一个巨大的铁浮标醒目地表明，我已到达目的地。它位于道路的转弯处，两侧有显眼的字母 "TRINITY BUOY WHARF（领港公会浮标码头）"。穿过入口，经过一堆杂乱的砖房，泰晤士河突然从码头外映入眼帘。它沿着我右侧的道格斯岛蜿蜒流过，穿过未命名的工业区，最终与英吉利海峡汇合。仍然有船只在其咽喉处抛锚，但很少有船会行驶到这么远的上游，大型商船更喜欢停泊在蒂尔伯里码头。随着英国的贸易网络式微，新的货物，特别是集装箱货物需要更大型的运载船只，而这种船只无法在伦敦古老的河湾中通行，码头开始衰落。布莱克沃尔河段上现在的船只，主要是泰晤士河的水上巴士、游乐船，以及拖着伦敦的建筑材料或废品的拖船。

实验灯塔的第一批砖块是在 1864 年秋天铺设的。鉴于道格拉斯正同时忙于狼岩灯塔的建造，他一定对建造这座建筑的轻松程度感到惊讶，因为这里没有海水冲毁工程，不用艰苦航行就可以到达工地，也没有季节性的恶劣海洋环境阻止工人在冬天工作。

这座灯塔是由砖块砌成的多面体形。与由砖石嵌合砌成的圆形不同，这是一座非常独特的灯塔，运用得更多的是陆上建筑的建造方法，而不是岩石灯塔那样传奇的建造方法。与岩石灯塔不同的是，它不是一座单独的建筑，而是被嵌在一间宽敞的方形砖砌仓库的东侧墙面里，仓库顶部是两个三角屋顶。灯塔的圆形灯笼骄傲地探出塔顶，外层是十字斜纹玻璃框，顶部是一个风向标。

最初的设计包含两个灯笼，现存的这一个在东侧，西侧的另一个现在已经消失，就是法拉第先前的试验灯笼，它被直接安装在屋顶的石板瓦上，与东侧安装在塔楼之上的新灯笼形成对照。这个较新的灯笼是在英格兰银行后面的玻璃厂制造的。可以说，所有灯塔灯笼在被创造出来的那一刻都是极为明亮的，熔体在烧制过程中呈现红橙色，直到冷却、回火、组装，用来安置另一种光。

1866 年，一个仓库与灯塔的超现实混合体落成。今天，除了西侧的灯笼，其他所有结构都被保留了下来。西侧的灯笼是在 20 世纪 20 年代被移除的，原因未知。道格拉斯设计的低矮多边形塔楼就像一种不同种类的、不同寻常的试验，顶上挂着一盏八角形灯笼。这座灯塔由朴素的砖块砌成，这一特点是它那些远在海上的兄弟姐妹所没有的。但最终从海上灯塔的灯笼里发出的光，起初都是在这座灯塔的灯笼中点亮的。

首都的上空开始闪现测试灯光。1869 年 3 月 19 日的夜晚"寒冷，但美好，非常适合欣赏灯光"。一群船长和工程师满怀期待地站在伦敦东南部的查尔顿山上，薄雾和烟雾在他们头顶缭绕。从这个角度看，伦敦就像是一个漆黑的城市模型，有些地方被空气中的湿气脏污了，但细节和轮廓却很清晰。

突然，强烈的灯光从一处喷薄而出，好像是在回应预先安排好的信号一般。红光、绿光和白光向东南方向飞越一段距离之后，在卡尔顿和射手山的石板瓦屋顶上投下微弱的光影。射程之内的居民一定感觉有奇怪的光射入自己家中。一时间，这些郊区房屋的阁楼和北面砖墙被染上红宝石色、绿宝石色以及明亮的白色。人们若是朝泰晤士河以北望去，寻找光源，便会看到两束强烈而遥远的灯光，一束在不停地变色，另一束则始终保持白色。灯光持续了一段时间，有时规律性地射出光束，有时间歇性地闪烁。

12. 布莱克沃尔码头上新建的实验性灯塔，1868年

几个小时后，灯光突然熄灭了。

那天晚上，在布莱克沃尔进行了两场试验，第一场是为当时即将完工的狼岩灯塔测试透镜中红色玻璃和透明玻璃的恰当占比。兰兹角附近海域内的灯塔并不会发出红光，所以人们能够很容易地在海洋上辨认出狼岩灯塔红白交替的闪光。

但设计原理并不像在光源周围安装同等大小的红色玻璃和白色玻璃那样简单。正如史蒂文森在制订贝尔灯塔的方案时所发现的那样，红色光束的强度不如白色光束，因为红色玻璃过滤掉了红色光波以外的全部光波。由于两种玻璃介质不同，若是安装同样大小的红白两色玻璃，红白两色光的交替就不均匀。为了准确测量差异，工程师们在实验灯塔西侧的角楼安装了一盏白灯，在东侧的角楼安装了一盏彩灯。他们还在距离布莱克沃尔东南方2英里多一点的查尔顿山上设立了临时观测站。从这个位置可以计算出红白光以相同时间间隔交替出现所需的玻璃比例。

那天晚上的第一场试验测试的是狼岩灯塔上的阿尔冈灯，第二场试验是在法拉第19世纪50年代的试验基础上测试电能。法拉第主张使用光学透镜而不是抛物面反射镜来捕获和聚焦电灯的光线。

菲涅耳一共设计了六种等级的透镜，根据尺寸和功率"排序"，第六级尺寸最小，第一级尺寸最大。成千上万块没有瑕疵的玻璃棱镜被安装在一个复杂的金属笼子里，由这些棱镜组成的透镜在规模和精密程度上都远远超过了反光镜。

1858年的皇家委员会阐明一个事实，即与苏格兰和法国相比，英格兰的灯光是多么老旧。因此，领港公会更加重视光学技术，与伯明翰的玻璃制造公司钱斯兄弟公司通力合作。该公司仅用 6 个月时间，就制造出了 1851 年"万国工业博览会"的水晶宫展示馆所需的全部玻璃制品。凭借在博览会上令人眼花缭乱的展品，英国获得了世界工厂的美誉。

英国的制造业把来自法国的光学技术打磨得更加精进了。钱斯兄弟公司能够以最高的效率生产出最高质量的玻璃，菲涅耳对折射透镜的需求，为该公司的专长提供了一条理想的出路。水晶宫的展品中有一件是钱斯兄弟的折射透镜，这是该公司在 1951 年前总共生产的 2400 面折射透镜中的第一面。随着产量的增加，钱斯兄弟公司对设计进行了一系列创新，发明了一种可旋转的笼状结构，使镜片能够完全包裹住光线。同时，他们还生产建造灯塔灯笼所需的玻璃板，布莱克沃尔灯塔也用到了他们的产品。

回到 1869 年 3 月的那个晚上，由副会长和一众船长组成的领港公会代表团、廷德尔博士以及詹姆斯·道格拉斯静静地站在查尔顿山上，心中满怀期待。在我的想象中，他们戴着大礼帽，穿着厚实的大衣御寒，看一眼怀表，又急不可耐地瞥一眼远方。在指定的时刻，红白两色的灯光从实验灯塔的灯笼中射出。几轮循环过后，他们经过仔细的讨论，最终敲定，狼岩灯塔透镜中红色玻璃与白色玻璃的数量比例应为 11 : 4。按此比例，两种灯光就能达到平衡。

然后，他们进行了发电机和折射透镜的试验，从而确定了最适用于电火花而非明火的透镜等级。在 1867 年的巴黎万国博览会上，领港公会自豪地展出了钱斯兄弟公司制造的一面三级折射透镜和一台初代发电机。这个更大的透镜被安装在实验灯塔西侧的灯笼里，而更小的六级折射透镜被安装在东侧的灯笼里。两个灯

13. 1851年伦敦"万国工业博览会"展出的折射透镜

笼内放置的是相同的电灯，电灯被连接在同一台发电机上。观察员对新设备发出的恒星般的亮光感到惊讶。更大的三级折射透镜比另一面折射透镜更加明亮。

　　在后来的岩石灯塔里，一个一级折射透镜就足以满足需求了。透镜在汞池上旋转，以消除摩擦。钱斯兄弟为第二座主教岩灯塔（1887年）制造了一套"双层式"的一级透镜装置。该透镜由两层菲涅耳透镜上下叠放组成，每一层都由装有八根烛芯的阿尔冈灯照亮。天气晴好时，只有低层的透镜被照亮，产生强度为4万坎德拉的光束。天气恶劣时，两层透镜都被照亮，产生强度为23万坎德拉的光束。道格拉斯的埃迪斯通灯塔（1882年）及法斯特耐特灯塔（1904 年）也采用了同样的布局，不过后者的更先进。白炽煤油灯被放置在上下两层反射透镜（而非折射透镜）的中间。通过这一透镜系统，法斯特耐特灯塔的灯光亮度高达惊人的 75 万坎德拉，像一颗无法用当时的星等[1]来衡量的星星。

第二次世界大战中断了布莱克沃尔的实验。虽然当时的敌军行动并未伤及灯塔本身，但是一些车间被损毁了。直到 1988 年，领港公会才停止对它的运营并搬出码头，这里的灯光最终熄灭。

我的朋友克莱夫二十多岁时曾在布莱克沃尔为领港公会工作。1985 年到 1987 年，他是办公室小职员，负责为铜匠、木匠和工厂的其他生产活动订购大量原材料。他向我描述了领港公会等级分明的办公室文化，颇具 20 世纪 50 年代的风格。办公室里有茶，有饼干，圣诞节有雪利酒，只是根本找不到一名女性。

他在曾经的成本办公室任职，现在那是一栋不起眼的两层砖房，窗户上方有混凝土窗楣。克莱夫在那里见证了码头海运业务最后的阵痛，以及仍带有维多利亚时代特征的业务的式微。灯光在那座实验灯塔里得到测试，浮标和链条被带到这里得到维修，定制的灯塔部件由熟练的工匠制作成型（詹姆斯·道格拉斯的工人们一定会认可他们的手法）。例如，在制作诸如把手或阀门等金属灯塔小配件时，制模师都会先按照图纸制作木制模型，接着将其压入一盒湿沙中制成模具，再浇铸熔化的金属，最后得到所需

1　星等：天文学上对星星明暗程度的一种表示方法，星等数越小，说明星越亮。

零件的近似铸件。

我将眼前的建筑代入克莱夫的故事中。最古老的是一个建于1836年的旧油库,现在挂着一个写着"电工车间"的牌子,动作粗鲁的学徒们正在车床上打磨铸块。油库后方是一个测试房,这是一座建于1875年的又长又窄的单层建筑,里面铺设了大量的链条,链条被拴在测试房两头两台强劲的引擎上测试强度。北边是配件车间,南边是锅炉车间,这两个车间都建于20世纪50年代初,都是两层的宽敞建筑,大部分制造工作都在这里完成。午餐时间,穿着工装的工人们在车间和食堂之间穿梭,金属撞击声、轰鸣声、隆隆声和锯机工作声戛然而止,静得你几乎可以听到他们停止工作放下工具的声音。附近一家酵母厂的气味飘了过来,与泰晤士河退潮时淤泥的气味混杂在一起。

特别精巧的是那些用来昭示海上大型无人浮标的装置,其中一些是由四把用铰链连接的锤子固定住的警铃,它会随着海浪的涌动鸣响。在另一些装置里,海浪运动会带动中心管的活塞,活塞挤压空气吹响上方的哨子。到了晚上,乙炔燃烧器会点亮这些浮标,明火通过控制气流的装置变成闪光信号。其他的浮标和助航设备来自诺森伯兰、威尔士、彭赞斯和其间的海岸线上。成排的巨大锁链懒洋洋地堆在陆地的角落里,其壮观程度与大海相呼应。

除了实验性灯塔之外,如今这个地方最引人注目的是一种缺失感,大型活动渐渐消失的缺失感。20世纪80年代末,人类进入电子时代,布莱克沃尔却仍依靠机械操作。在海外其他地方制造零部件成本更低,而且批量生产一次性零部件的成本也比手工制造可回收利用零部件的成本更低。这些缺乏耐心的经济力量为灯塔系统实现自动化创造了前景。早在 1965 年，豪博莱灯塔就已经实现了自动化，但在接下来的几十年里，自动化才被逐渐应用到英格兰的灯塔上。1982 年，詹姆斯·道格拉斯的埃迪斯通灯塔成为领港公会第一座实现自动化的岩石灯塔，罗伯特·史蒂文森的贝尔灯塔是最后一座，于 1998 年实现自动化。灯笼里的折射透镜被更小的装置或 LED 灯取代，在有些灯塔上，太阳能直接取代了复杂的机械结构。轮值工程师会直接更换有缺陷的零件，而不是维修。电路逐渐取代了原本的装置。

现在，在伦敦和英国其他的主要城市，以前的工业区都成了普通的地方。通常情况下，因为有机械和生产活动，工业区才有了可辨识的身份。这些消失以后，只剩下一群毫无特色的建筑，无言地述说着它们从前的功能。布莱克沃尔码头在这方面与众不同，因为有了那座实验性灯塔，这里仍保留着曾经与海洋的联系。正如制造业从伦敦东区消失了一样，深海也从布莱克沃尔流走了。然而，这里为我们留下了足够多的痕迹，让我们可以去感知这座位于国家中心的灯塔与那些位于国家边缘的灯塔之间仍未被切断的联系。

我站在试验灯笼里，心里想的不是灯光，而是这里的不协调感。通常，从这些十字纹玻璃板以及菱形玻璃板往外看时，入眼的是一望无际的大海。但是从这里向外看，我看到的却是泰晤士河南岸光鲜的新开发项目、一辆外形流畅雅致的空缆车、千禧巨蛋的黄色钢柱以及远处的伦敦郊区。我笑着看向东南方向地势逐渐增高的查尔顿山，想起那些曾经在山上为观测这座灯笼而极目远眺的船长。

领港公会是源自中世纪的小团体组织，与苏格兰和法国的革新者相比，它在接受科学带来的机遇时显得尤为迟缓。但是，在布莱克沃尔进行的实验表明，领港公会已经逐渐认识到测试和试验对经营灯塔的重要性，并且学会了提出问题，提出假设（或者至少聘请了法拉第等杰出的科学家为他们做这些事）。

最引人入胜的是，这些试验竟然是在巴黎、爱丁堡和伦敦郊区进行的，这让人们回想起这样一个时代：人们在首都（首府）可以看到更为多样的活动；测试的地点就在居民区附近。领港公会在布莱克沃尔的存在，说明灯塔曾经在国家生活中占据着重要地位。现在，灯塔的技术中心设在埃塞克斯郡的哈维奇，不如从前那么显眼。领港公会的布莱克沃尔码头以实验灯塔为中心，并借此将汹涌的大海带进了英国的首都。为狼岩灯塔周围荒凉的大海设计的红白闪光，最初照射在查尔顿山的石板瓦屋顶上，曾短暂地将相隔甚远的地方联系在一起。

狼岩灯塔

一座臭名昭著的灯塔

建成于 1870 年

位于距康沃尔郡兰兹角 8 英里处

"令人欣慰的是，还没有人发现如何在海上建造房屋"，新建的房屋扩张到约翰·贝奇曼珍视的康沃尔郡乡村时，他愤怒地写下了这些文字。他不仅是一名诗人，还是一名经验丰富的活动家，写过诸多反对破坏土地的文章。鉴于他是一名热心的建筑评论家，也是维多利亚建筑的忠实拥趸，我想他会乐于改变自己对待海上建筑的看法。在他 1934 年发表上述评论之前近四个世纪的时间里，人们已经冒着最高的风险，凭借最高的才智，在海上建造了房屋。

因为灯塔的位置离任何居住区都很远，所以操作机械装置的守塔人必须住在塔里。而且，由于礁石上没有寻常的附属建筑物，守塔人必须住在灯塔燃料库与灯笼室之间的那几层里。尽管三位守塔人挤在两三间狭小的房间里，但他们的生活通常是沉默和孤独的。他们就像隐士，没错，隐士似乎是最贴近他们这种独特生活方式的比喻。

守塔人在国家的边缘轮班工作，每次轮值长达两个月。每次交接时，救济船载着上班的守塔人来，接走下班的守塔人。人员和行李的转移过程危险得令人难以置信：守塔人套上裤形救生圈和滑索，被同事从摇摇晃晃的船上拉到湿滑的灯塔入口。海洋情况的变化意味着轮值常常会延长几周甚至几个月，因为，除非海面风平浪静，否则，登上灯塔都是非常危险的。这一切还仅仅是在工作开始之前就会遇上的危险。

他们在灯塔的房间里度过轮值时光。屋里有炉灶、带图案的窗帘、瓷器、收音机，也许墙上还挂着宗教经文，都是正常家庭生活的标配。但这些完全无法让人忽视这里如同牢房一般的感觉，还有弧形的墙面，以及撞击着墙壁的狂风与海浪。在许多灯塔里，每件家具都按照墙壁的形状被设计成弧形，最令人惊讶的是，休息的床铺也被制作成了弧形。有些灯塔中也有与贝尔灯塔上的"陌生人的房间"一样与众不同的房间，室内有时尚的地毯、镶板和灰泥制品。在风暴肆虐的阿布罗斯海岸线上，发现这样优雅的房间，是一件超现实的事情。

守塔人必须是多面手，要能在这一刻处理汞泄漏，也能在下一刻缝补袜子。他们受过家务管理、手工制作和机器使用方面的培训。从黄昏到日出，他们的夜晚被分成几段。在这期间，他们唯一的关注点就是灯光。他们要盯着复杂的装置，确保光源持续发亮，确保光学元件持续转动。他们要在必要时敲响雾钟，还要时不时地观察海面。但他们总是和海面保持一段距离，因为他们从来没有学过游泳。

边缘地区的生活不同寻常。天气晴朗时，兰兹角朗希普斯灯塔上的守塔人会用旗子和望远镜与家眷做交流，前者在灯塔上，后者在悬崖上。伊丽莎白·斯坦布鲁克在其广受好评的书中记录了这样一件事：1956 年 11 月 15 日早晨，朗希普斯灯塔的守塔人鲍勃·埃利通过一面被疯狂摇动的旗子得知妻子产下了一名女婴。

19 世纪初，史莫斯灯塔的一名守塔人因自然原因猝死，另一名守塔人陷入进退两难的境地。距离下一班轮值还有两周时间，如若将尸体放在灯塔中，会腐烂；如若将尸体葬入海中，又像是一起谋杀。所以，这名守塔人将同事的尸体捆在灯塔外侧。据传，恶劣的天气打开了临时拼凑的棺材，让尸体的手臂悬在窗户上，好像死者在敲窗户，想要进屋。一周后，当救济船终于到达时，这名守塔人已经疯了。

受雇于英格兰、苏格兰和爱尔兰灯塔管理部门的守塔人可以一辈子捧着这个铁饭碗，而且可以稳步晋升为首席守塔人，并在退休后获得可观的养老金。虽然存在守塔人这一角色，但仍经常有人定期上灯塔参观，而且，在与它们有联系的社团中，岩石灯塔在陆地上的知名度更高。但在 20 世纪 80 年代末至 90 年代，一场根本性的变革撼动了这一体系。灯塔一座接一座地接受了自动化改造，受地面操作站遥控。守塔人纷纷退休，回归更为传统的生活。

我找到了最后的几名守塔人，如约翰·博思、格里·道格拉斯－舍伍德。他们曾经生活在英国的边缘，现在住在爱丁堡、诺福克、特鲁罗等有学校和超市的普通城镇。尽管他们会否认这一点，但他们其实对灯塔的距离感和极端生活带来的魅力仍念念不忘。他们的回忆帮助我了解到守塔人在边缘地区生活的真相。如果没有他们，岩石灯塔将是更荒凉的建筑。有人驻守的时候，是灯塔的鼎盛时期，定期通风、清扫和擦拭，室内弥漫着烟草、熏肉和黄铜的气味。自岩石灯塔实现自动化以来，它们就开始在海上过着安静、封闭的生活，在黄昏时点灯，在黎明时熄灯。

对大多数守塔人而言，岩石灯塔都是不讨人喜欢的工作地点。沿海灯塔更为传统，塔内的生活区不是圆形的，而是正方形或长方形的，像其他陆地建筑一样。沿海灯塔的守塔人无须像岩石灯塔的守塔人一样，与其他两名守塔人一起挤在花岗岩石塔中，保持着怪异的亲密关系。他们可以和家人住在一起，过着更加正常的生活。菜园里种着蔬菜，晾衣绳上晾着衣服，孩子们在海景中悠闲地玩耍。

在离岸灯塔上看不到这样合家欢乐的景象。离岸灯塔臭名昭著，守塔人充其量能勉强接受那里的工作，最差的情况是，他们根本不愿意接受这份工作。曾经有两名男子相继拒绝担任贝尔灯塔的首席守塔人（最高级别的职务），尽管拒绝这一次晋升意味着再也得不到类似的机会，而且他们还会因此失去丰厚的养老金和其他福利。这是约翰·博思告诉我的，他代替这两名守塔人担任了贝尔灯塔的首席守塔人。他告诉我，那些人根本无法忍受岩石灯塔里的生活，所以他们宁愿选择结束自己的职业生涯，也不想面对那种生活。相比之下，约翰对这个岗位艰苦生活的看法更为乐观。

（顺便说一句，约翰是个硬汉。在奥克尼看守灯塔时，他因为引擎故障被弄断了一截手指，不得不在没有麻醉剂的情况下深夜乘船到苏格兰内陆就医。但他对此毫无怨言。）

有些岩石灯塔的位置格外偏远。其中就包括狼岩灯塔。它位于大西洋，距离兰兹角8英里，所处的海域水深20英寻[1]，常常掀

1　1英寻 =1.828 米

起惊涛骇浪。

狼岩灯塔与朗希普斯岩、朗尼斯顿礁石在兰兹角附近形成一块危险的三角形水域，它是在最近距离感受大西洋重击的岩石灯塔之一。在有关它的照片中，没有一张照片中的海面是平静的。即使在晴朗的天气里，海水也在灯塔脚下不停拍打。塔上苍白的花岗岩都褪色了，仿佛被打伤了似的，好像在暗示更汹涌的海浪即将袭来。岩石周围似乎总环绕着一圈乳白色的浪花，仿佛这里被施加了某种力场，用来击退游客或者阻止人们脱逃。

虽然狼岩灯塔不是离海岸最远的岩石灯塔，但它可能是最难建造的，从绘图（1860 年）到首次点亮（1870 年）一共耗时十年。建成后，这座灯塔很快就因为它的监禁感在守塔人中臭名远扬。救济船很少能靠近礁石运送轮值的守塔人往返，这使守塔人的值班时间远远超过了通常情况下的六周。在 1947 年圣诞节期间，大风暴将守塔人滞留于塔内，滞留时间从 12 月初持续到次年 2 月15 日。在守塔人的粮食储备几乎耗尽时，才有一名大胆的直升机飞行员前来空投物资。

现在接近狼岩灯塔也和当时一样可怕。我找不到能行驶到它附近的船，管理方领港公会也无法安排正式的参观。所以，别无选择的我策划了一次不同寻常的旅程。前任守塔人之一格里现居诺福克郡，大概是英格兰境内距离狼岩灯塔最远的地方了。因为我无法探访狼岩灯塔，所以我去了他在诺福克郡的家里。我们将以对话取代交通工具，在原地，在脑中，进行一场旅行。

1975 年至 1977 年，格里是狼岩灯塔的助理守塔人。四十年后，我在火车站的停车场和他见了第一面。他今年 68 岁，身材结实，待人热情，蓄着狂热摩托车手那样的络腮胡。他带我走到他的面包车旁，那是一辆剑桥警察局的二手警用车。我们沿着空无一人的街道驶向他在诺福克－萨福克边境的家。我的好奇心立刻就被勾起来了。

我第一次和格里联系时，就感觉到了一个可以借他的回忆探访狼岩灯塔的机会。他是灯塔守塔人协会的档案员，协会会员是一些退休的守塔人和灯塔爱好者（我现在当然也是其中一员）。我认为，他应该存着大量未被数字化，也未发表的狼岩灯塔等岩石灯塔的图纸、照片和信息。再加上他自己引人入胜的经历，我想从他那里"看到"的狼岩灯塔将会比我亲眼所见的模样更为真实。我还十分好奇，在英国最边缘的地方生活了数年之后，他现在在乡村中心的家会是什么模样。

我们开车去格里家的路上，途经了许多东盎格鲁风格的村庄和集镇：古老的建筑随处可见，有马车旅馆、商人小屋、酒馆、石头教堂、破旧仓库。格里似乎对每栋建筑都略知一二。乡村风光从不同建筑的间隔中漏出，秋色斑斓，令我几乎要忘掉备受风暴袭击的狼岩灯塔了。

在路上，格里向我讲述了他的职业生涯。他出生于东萨塞克斯海岸的伊斯特本，祖上有苏格兰、东盎格鲁、威尔士、爱尔兰和伯克郡的血统。他接受过简单的学校教育，但他没有上大学，而是去了伦敦的圣约翰伍德大众汽车有限公司，担任见习工程师。后来，他游手好闲了一阵，之后在一本职业百科全书中看到领港公会招募守塔人的通知。因为这份工作的任职地点分散各处，也

14. 巨浪席卷狼岩灯塔，1971年

因为这份工作会用到他的工程技术（发动机仍然使他心潮澎湃），所以他于 1970 年应聘上岗，成为见习助理守塔人，并开始接受培训。

学员们要经常去往各地，花半周到几个月不等的时间在不同的岗位熟悉业务。格里的第一个工作地在肯特郡邓内斯，那是一大块平坦奇特的地质奇观，灯塔在那里的作用，是警示人们留意因为潮汐而不断变化的海岸线。接下来的一个月，他在埃塞克斯的领港公会培训学校学习信号灯、摩尔斯码、急救方法、面包烘焙和其他基本技能。由于他的一些同事甚至只会烧开水，所以他们很有必要学习如何打理家务。

接下来，是在各种陆上灯塔与岩石灯塔中轮值。这样设计的目的，仿佛是让年轻的守塔人忘掉家的感觉。他们去的地方有康沃尔的彭里角雾信号站、多塞特的波特兰比尔灯塔、根西岛的哈诺伊斯灯塔。在领港公会设在布莱克沃尔的车间，格里学习如何操作和维护灯塔的基础机械和设备，如何灭火，如何操作无线电系统。在为期两个月的课程的第一个月，他就掌握了大部分技能。他在彭布鲁克郡的南主教岩灯塔晋升为助理守塔人。这是他的第一个固定岗位。1975 年，他被派往狼岩灯塔。

格里说话语速很慢，但声音清脆。尽管他在英国各个沿海地区待过很长时间，而且那些地方的方言重且容易带偏口音，但格里说话却不带方言口音。每当我回到老家康沃尔拜访亲戚时，在发某些音节时，方言总会脱口而出。不过，这或许是因为我回到了童年的故土。守塔人的工作性质决定了他们在社区中不像别人那么引人注目，比如牧师。他们在各地穿梭，但实际上他们是一张隐形的国家网络的一部分。他们降落到固定的地方，大多时候都在这个地方的边缘生活，因此很少有机会让某个地区的口音影响到他们的发音。如果他们被外派到海上，那就更难受到影响了。

半小时后，我们在一片现代化住宅区的一排车库前停下。我跟着格里来到一小排两上两下的建筑前，我们走近第一栋建筑。一个热食摊，就像你在卡车站看到的那种摊子，占了车道的一大半，大桶的葵花油和醋整齐地排列在门口。格里解释说，这是和他同住的房东的摊子。这座房子里一共住着四个人，他说这种同居模式很适合他，会让他想起自己在灯塔的日子。只不过，住在这里不用肩负职责，而且这里的房间也不是圆形的。你有自己的空间，但可以在公共区域和其他人聊天，每个人都只关心自己的事情。

他的房间在楼上，兼作办公室和灯塔档案室。我从来没走进过被信息和艺术品塞得如此满满当当的房间。这里有一箱箱的文件、剪贴簿、方案、图画、照片和书籍。贴着墙纸的墙上挂着一个镶框的守塔人协会颁发的"终身成就奖"证书，以及一张镶框的建筑图，画的是怀特岛的针岩灯塔，格里在那里晋升为首席守塔人。他在房间角落里和档案间的缝隙中翻来翻去，找出几捆图纸和照片。我们手拿咖啡和文件，坐在床沿，向东盖格鲁风格城镇之外遥远的狼岩灯塔"前进"。

据说在灯塔建好之前，狼岩会在暴风雨时发出低沉细长的嚎叫，这是疾风从石头的裂缝中吹过发出的声音。相传这些可怕的

"嚎叫"便是岩石名字的由来。我喜欢这个故事，但我很难想象在波涛汹涌的大海中，石头的裂缝如何才能保持没有水，让风从中吹过时发出声音。我认为"狼岩"这个名字一定有一个更形象、更原始的解释，不过这只是我的猜测。几个世纪以来，人们一想到狼，就会感到恐惧。暗礁和岩石也有类似的威胁，它们潜伏在海中，就像恶狼潜伏在陆地上。更进一步说，二者在发起无情的攻击时，通常都是毫无预兆的。

直到18世纪，人们还仅仅计划在狼岩附近安装一个风铃用于导航，类似于14世纪苏格兰贝尔礁石上的警铃。然而，领港公会拒绝了这个"叮当作响的计划"，理由是懒散的渔民会毁坏它，因为渔民认为"音乐声"会把鱼吓跑。

不过，有一个人没有被狼岩的恶名吓倒。18世纪80年代，皇家海军军官、业余灯塔建造师亨利·史密斯中尉经常乘坐"松鼠号"在这片海岸附近巡航，因此对它非常熟悉。在我的想象中，这位年轻的军官穿着马裤和剪裁得体的外套，戴着三角帽，手持着剑和六分仪。他代表众多船主和商人与领港公会斡旋，最终使领港公会同意与他签订租约，准许他在狼岩搭设灯标。一起通过审批的还有另外两项计划，一是在朗希普斯岩上建造灯塔，二是在附近的朗尼尔斯通礁石上搭设灯标。

尽管兰兹角的居民愤懑不已，反对上述计划，认为如此一来他们便无法从沉船中搜罗值钱货（事实确实如此），但亨利·史密斯还是在1791年9月18日这天在朗希普斯岩上放下了第一块石头。这座灯塔大概是由领港公会的建筑师塞缪尔·怀亚特设计的，一共三层，用当地的花岗岩建成。它一直保存到了19世纪70年代以前，后来，更高大、更坚固的朗希普斯灯塔取代了它，一直挺立到现在。

史料中并未准确记录史密斯建造这些助航设施的动机，不过那是私人投资者标记风险的时代，投机者可以签订租约，出资在危险的礁石上建造灯标和灯塔，再靠向过路船只征收费用营利。

对富于企业家精神的史密斯中尉而言，1795年是重要的一年：他熬心费力地克服重重困难，终于在狼岩上立起了一个灯标，朗希普斯灯塔也终于首次照亮海面。但他却因此破产了。不同寻常的是，他似乎是在伦敦的王座法庭监狱中完成的这两个项目，因为那年之前，他就因债务入狱了。正因为史密斯是第一个标记狼岩的人，才让它首次与监禁扯上了关系。

在伦敦服刑期间，史密斯通过兰兹角的代理人管理事务，并拼命筹集贷款以偿还债务。令人沮丧的十年过去了。在这期间，他被转移到伦敦的弗里特监狱，大海击倒了他设立在狼岩的灯标（几乎是刚建起就被推倒了），那是一根20英尺高的铸铁杆，顶端有一个青铜狼头。令人恼火的是，虽然朗希普斯灯塔已经开始盈利，但是正如伊丽莎白·斯坦布鲁克所言，领港公会认为史密斯不宜接受这笔钱，所以他们将收益给了他的家人。

在岩石灯塔的建造史上有这么一段不同寻常的故事：1806年，罗伯特·史蒂文森前往关押史密斯的监狱探监。1801年，史蒂文森建造贝尔灯塔之前，曾参观过史密斯的朗希普斯灯塔，他想了解这座灯塔是如何设计和建造的。而此时的史密斯已经在监狱度过了十年，他当时的模样一定很可怜：形容憔悴，满脸胡须，曾经华丽的制服换成了囚服。尽管他们交谈的细节并未流传下来，但说起来这二人间有着几乎滑稽的格格不入，一个是鲁莽、悲惨的中尉，另一个是讲究、清高的工程师。

他们对在狼岩上建造灯塔的可行性抱着完全不同的态度。史密斯认为那是徒劳，史蒂文森则在离开时还信口抱怨史密斯"没有真正的海洋工程能力"。三年后，1809年10月28日，史密斯中尉在弗里特监狱死去。

虽然大西洋的海浪推倒了史密斯中尉在狼岩上搭设的灯标，但标记狼岩的构想计划仍在继续。有人提出建造一尊大型青铜狼模型，并在模型中设计小洞来模仿狼岩的嚎叫，不过这一想法并未付诸实践。但是，与史密斯中尉在弗里特监狱的会面，一定萦绕在史蒂文森脑海中，因为他仍在不断思索究竟该如何才能标记出狼岩。1813年和1818年，史蒂文森两次考察狼岩，现场感受过那里的艰难困苦。最终，1823年，他提出建造一座造价15万英镑、耗时十五年的石塔。

这项计划似乎费时又耗财，于是，史蒂文森也提出和尝试了其他更为经济的方案，比如搭建一个砖石填充的铸铁圆锥体，再用木杆将一个球体固定在圆锥顶端。不过，即使这样简单的设计，也用了四年时间，直到1840年7月才完工。但第二年冬天，海水就折断了木杆（12英尺粗的橡木），仿佛它只是一根鸡尾酒棒。1842年8月，一根新的铸铁杆终于安装完毕。但那年冬天，大海变换手法，肆虐的风暴把这根新安装的铁杆（7英寸粗）折弯了3英尺，它好像已经厌倦了简单地把东西折断。

与此同时，狼岩附近时有船只失事。1855年1月，一艘名为"嘲讽号"的法国单桅帆船从布里斯托尔驶向波尔多。船长罗伊是一名经验丰富的水手，曾在这条航线上航行过多次。尽管他对兰兹角附近的水域了如指掌，但他的船还是在凌晨两点钟撞上了狼岩。5分钟后，船就沉了，幸好路过的海关船"獾号"设法营救了船员。1859年，在将屋顶石板从帕德斯托运往锡德茅斯的途中，因为一场大风，英国渔船"考瑞纳斯号"撞上狼岩。幸运的是，路过的"圣克罗伊号"救出了船员，并在次日将他们送到弗维宜。

其他船的船员就没这么幸运了。1861年3月16日，"阿斯特雷亚号"载着俄罗斯小麦和编织草席从法尔茅斯前往纽里（靠近豪博莱灯塔）。凌晨2点半，船撞上狼岩，但并未下沉，而是紧紧卡在岩石上。船员们急忙奔向救生艇，但刚有一个人（一名挪威人，幸存者之一）登上第一艘救生艇，海水就将其冲远了。而第二艘救生艇在船员登上之前，就被海水冲走了。海水渐渐逼近，船上又没了救生艇，船员们都逃到船桅中部的一个小平台上。汹涌的海浪把他们困在那里，而且猛烈地摇晃这艘受困的船。大约两小时后，一艘渔船听到了受困者的哭喊，试图靠近帮助他们。但是突然间，两股巨浪卷起"阿斯特雷亚号"，将它冲下岩石，冲进深海。那艘船很快就沉没了，只有三个人幸免于难。

几个月后，1861年7月1日，詹姆斯·道格拉斯独自一人登上狼岩。他的同伴们留在船上，与狼岩保持着安全距离，而他则小心翼翼地在凹凸不平的深色岩石表面上匍匐前行，仔细观察岩石。碰巧路过的人（虽然应该不会有人正好路过那里）大概会觉得他像一个维多利亚时代的博物学家在收集标本。事实上，他去那里是为了给他的石匠们选出一个最吉利的地点，开凿一个 40 英尺深的圆形基坑。海浪在他下方"哗啦哗啦"地拍打着，他知道要不了多久，海浪就会扑向他。

最终，道格拉斯选定了狼岩中部的一块区域，就在那根被折断的老灯标杆附近。他拿出仪器，仔细测量坡度。不出他所料，天色突变，汹涌的巨浪开始冲击岩石，阻止同伴们登岩营救他。他只好把一根绳子紧紧系在腰上，从狼岩跃入水中，连人带衣裤被绳子拉着穿过翻腾的海浪。后来，他似乎对这种戏剧性的登船方式免疫了，不动声色地打趣说："后来天气突然变化时，我们经常采用这种方式把工人从岩石上救下来。"

到 1860 年为止，领港公会已经在威尔士海岸 20 英里外的史莫斯岩上建造了史莫斯灯塔（取代了 1776 年建的木质建筑），在根西岛上建造了哈诺伊斯岩石灯塔（于 1862 年建成），还建造了第一座主教岩灯塔，这座灯塔偏僻的地理位置及其遭受的危险与狼岩不相上下。自 1795 年史密斯中尉在狼岩设立灯标以来，试图在那块岩石上做标记的努力就一直是浅尝辄止，从未取得决定性的胜利。但在其他棘手位置取得的成功使领港公会深受鼓舞，于是他们决定在狼岩上也建一座灯塔。

当时，他们的总工程师詹姆斯·沃克已经 79 岁。他设计建造了六座岩石灯塔和其他无数工程项目。他设计的哈诺伊斯岩石灯塔、史莫斯岩灯塔和主教岩灯塔是以斯密顿灯塔为原型建造的复杂翻版，但也有显著的改良。斯密顿灯塔的圆锥外形是斯密顿徒手绘制的，但这些新灯塔的草图则是詹姆斯用圆规和几何图形设计出来的。道格拉斯称狼岩灯塔的外形是"236 英尺长轴上的内凹椭圆曲线"。在灯塔的灯笼内，棱镜代替了蜡烛和反射镜；灯塔的塔基采用阶梯式造型，代替了平滑的砖石结构，阻止海浪向上攀爬。当时，一种新的横纵接合的榫卯结构已经被用在哈诺伊斯灯塔上，每个石块都与上下左右的石块互相交错，合乎逻辑地取代了斯密顿的横向榫卯结构。沃克为狼岩设计的灯塔和他设计的其他三座灯塔的尺寸基本相同：高 116 英尺，底部宽 41 英尺，越往上越窄，最顶部的石砌平台，或者，借用道格拉斯的妙语——"灯笼下方内凹弧线的起点处"，只有 17 英尺宽。

但是，沃克年事已高，无法亲自监督狼岩的建造。于是，34岁的伦敦人詹姆斯·道格拉斯登场。在大西洋的恶劣气候条件下，他艰难地经受了建造岩石灯塔的洗礼。他曾帮助父亲在锡利群岛以西建造主教岩灯塔，那里环境严酷，无遮无挡，堪比狼岩。1862 年，沃克去世，道格拉斯接替他，成为领港公会的总工程师。

狼岩灯塔的奠基仪式于 1864 年 8 月 6 日举行。因为石匠仅能在夏天施工，所以前三年的时间都用在爆破和挖凿塔基石坑上了。由于他们此前只能从陡峭的东北侧登上狼岩，所以必须先建造一个"小型的"着陆平台（14564 立方英尺[1]的石造结构），然后才能开展其他工作。工人的安全必须摆在第一位：他们"被迫"一直穿着软木救生衣，组建了自己的人寿保险财团。但大部分时间里，海面的情况都不允许他们在岩石上工作。例如，1862 年 3 月至 9月，他们一共只登上狼岩 22 次。

在接下来的六年里，狼岩灯塔渐渐拔高。灯塔的设计十分健

---

1 立方英尺≈0.028 立方米。

全，使得灯塔在建造过程中完好无损地挺过了几乎所有冬季风暴，唯一例外的是 1865 年 11 月的那一场。那年冬天，一根桅杆从破损的船身脱离，在海浪中翻滚，敲落了灯塔第五层石砌平台的 34 块石料。这段插曲过后，1869 年 7 月，副监工弗雷德里克·阿罗借助新塔楼上层安装的蒸汽起重机将最后一块石料砌好（这是岩石灯塔建设史上首次使用蒸汽动力）。一场简短的封顶仪式见证了这一重要里程，紧接着在旁边的双桅帆船上举行了一场酒会，贵宾和石匠手挽着手，为新建筑的稳固祝酒。

接下来的几个月里，工人们安装好了灯塔的内部结构。它与砖石结构一样精巧，陡峭的弧形青铜梯子被从顶部吊入，安放在每两层楼之间。每个房间都挂了钟，大号的油桶和粮食桶被吊放到较低的楼层。灯笼下方，也就是灯塔倒数第二层的服务间变成了办公室，里面有弧形的桌子和橱柜，用于收纳航海日志、备用零件、海图和其他重要材料。木匠把卧室建在下面一层，卧室里五个床铺分列两层，用橡木板互相隔开，床下面有小橱柜，用来放置床上用品和个人用品。这些床和柜被打造为成套的精致木制品，严丝合缝地靠在弧面花岗岩壁上。从那时起，人们开始称这种床铺为"香蕉床"。

灯塔的内部是一个真正的圆形世界。再往下一层是起居室，这层有一个定制的康沃尔铸铁炉灶，可以用来取暖、做饭和洗漱。木匠用纹饰精美的弧形橡木碗柜和橱柜装饰这个空间，架子上和抽屉里摆满了陶器和餐具之类的精致物件。楼梯下方的步入式橡木贮藏室里，坛坛罐罐和纸包整齐地放置在一个凉爽的石板架上。一张新桌子和几张圆背椅正等着它们的第一批房客。

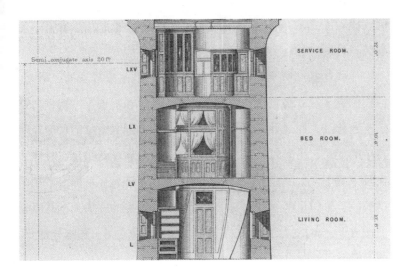

Semi-conjugate axis 20 ft

LXV — SERVICE ROOM.   12' 0"

LX — BED ROOM.   10' 6"

LV — LIVING ROOM.   10' 6"

L

15. 灯塔房间的横剖面图，1870年

　　进入豪博莱灯塔和栖木岩灯塔这样的浅滩灯塔是非常容易的，只需要划船、涉水、爬梯子。但要进入诸如狼岩灯塔这样的深海灯塔，情况就完全不同了。在直升机普及之前，想要登上深海灯塔只能乘船前往，但灯塔附近几乎没有安全的锚地。海面没有一刻是平静的，尽管当地船民对海中的危险了如指掌，也不敢贸然靠近。所以，令人毛骨悚然的是，前来轮值的守塔人和他们的物资不得不套上裤形救生圈，被灯塔上的值班守塔人从小船拉到灯塔的登陆平台上。具体情形是下面这样的：

　　船驶近时，灯塔的青铜大门"砰"的一声打开，几个守塔人带着几套大型钢吊出现。他们匆忙地把钢吊组装在登陆平台上。这可能是几周以来，他们的直线行走距离第一次超过 12 英尺（灯塔房间的直径）。救济船停泊在岩石和稍远处固定的系泊浮标之间，礁石上的守塔人将钢吊绳索抛入摇晃的船中，开始第一轮装载。

一些物品和行李先被拉到塔上，然后是前来接班的守塔人。他们的躯干和双脚被绳结固定住，整个人悬在海面上，慢慢向登陆平台移动。用这种方式开始一天的工作非同寻常。随着船在浪涛中的颠簸，吊索时而紧绷时而松弛，有时高度低得足以让守塔人没入海中。如果碰上特别凶猛的巨浪，守塔人还可能会被抛向礁石。等来接班的守塔人安全着陆以后，下班的守塔人就从绳索上被放下，高高兴兴地坐进救济船。交接结束之后，缆绳被解开，救济船返回温和的内陆。

为了证明这一过程有多么困难，格里给我看了一部百代电影公司的老影片，这部影片反映的就是 1952 年狼岩灯塔上一次被迫中断的工作交接。旁白低沉缓慢地说道："有为她的发电机准备的油，有为她的工作人员准备的淡水。上一次有人前来已经是 29 天以前，物资储备或许已经快被用完了。"我又看了一眼狼岩灯塔，我从没想过用"她"来称呼这座灯塔。

穿着防水外衣的人们在领港公会灯塔补给船的甲板上忙碌着，为一艘小船装上补给品。镜头时而切换到船长身上。他满脸皱纹，身着华丽制服，正在灵巧地操纵着引擎，使船在浪涌中保持静止。一个看起来很紧张的年轻守塔人爬上船，他在写着"WOLF"字样的帅气制服外面套了一件朴素的充气背心式救生衣。救济船被放进水里，驶向礁石，水手肩上摇晃的百代摄像机转向远处的灯塔。

"舵手的指令回荡在翻腾的海面上。当解脱近在咫尺，这段时间是很难熬的，但至少与世隔绝的魔咒马上就要失效。"他们发现风浪太大，无法安全地在救济船和登陆平台之间转移人员，于是设法将装有信件和报纸的金属罐绑在一只风筝的末端送到塔上，借此告诉塔上的人："可以（通过书信）与家人保持联系，但回家的时间不得不延后。"影片动人的解说和充满悬念的配乐充分体现了它的时代特色。解说的背景中，狂风呼啸声和海浪冲刷声清晰可闻，救济船似乎又渺小又脆弱。

救济船每个月来一趟，接走已经值班满两个月的守塔人，换上前来轮班的守塔人。他们可以借机补充库存，更换有缺陷的零件，收到渴望已久的亲朋消息和来信。对结束轮值的守塔人而言，救济船无法按时到来是令人十分恼火的事情。W. J. 刘易斯生动地描述了交接时守塔人对交接的期待："在交接日这天，一个晴朗的早晨是对守塔人祈祷的回应……兴奋中交织着喜悦。回顾过去几个月令人疲惫的流放生活，他们很高兴自己还活着，知道几个小时后一切都会结束。"现在试想一下，一场狂风袭来，救济船掉头走了。他们一定会感到别样的沮丧，它像大海一样强大，也像大海一样难以控制。

但是救济船最终还会来到这里，就像它们也能到达别的岩石灯塔一样。对于那些被关在狼岩灯塔里两三个月的守塔人而言，拍打在花岗岩壁上的海浪，以及牢房般阴暗的房间，时刻烦扰着他们的神经，救济船的到来是一种实实在在的解救。

游客如果要登塔，也不得不被系上危险的吊索。《海滨杂志》的记者弗雷德里克·乔治·基顿曾在 1892 年参观过埃迪斯通灯塔。他描述说，"对第一次尝试的人而言，这个过程令人兴奋……我很快就能体会到被悬在半空的绳子上，在翻腾的海浪上方颠簸摇摆时的刺激感觉了"。在介绍主教岩灯塔的书中，伊丽莎白·斯坦布鲁克描述了 1936 年 8 月两名主教在这里的偶遇。为了给两名守塔人施坚信礼，特鲁罗主教约瑟夫·亨金来到主教岩灯塔。他穿着牧师的长袍被绳索拉到塔上。照片中，戴着眼镜、面带微笑的主教悬在半空，身后隐约可见与他的职位同名的花岗岩建筑。

吊臂安装在灯塔平台上，看起来像一套巨大的杆子和绳索，转移人员的过程就像是在钓鱼。意外状况很少见，偶尔有一些小失误。比如 1894 年 11 月，在附近的朗希普斯灯塔，绳索突然松了，见习助理守塔人杰克逊直接掉进海里。幸运的是，尽管他"几乎筋疲力尽，而且非常恐惧"，但还是安然无恙地被拖回了船里。但也发生过悲剧。1903 年 8 月的一天，助理守塔人西德尼·希克斯爬到礁石底部系紧救济船的缆绳。他往回攀爬时，在门口的平台上滑了一跤，跌入海中，被一个巨浪卷走。他的尸体始终没有被找到。尽管他的同事们都被局限在塔楼里，但他们的悲痛一定特别强烈。

在这些岩石灯塔上，守塔人把自己的生命交给了彼此。守塔人之间的关系，与传统工作场所的团建活动，或三两同事在饮水机旁的单调对话大不相同。他们融洽的同事关系，是在巨浪中互相"钓"起的过程中建立起来的。

我们一边翻看图纸，一边"走进"第一层。格里对狼岩灯塔的描述让我想起了豪博莱灯塔：深色的花岗岩壁光秃秃的，室内充斥着矿井和石油的气味。救济船的吊臂就在这里，放在墙上挂着的大帆布袋里。地面的检查井下方是一个 1400 加仑[1]的淡水箱，旁边的楼梯下面是煤仓。沉重的青铜大门被螺栓和两根大金属撑条紧紧锁上。

沿着陡峭的铁台阶一路向上，分别是下引擎室、灯塔电池、绞车室以及上引擎室。格里对这些低处房间的描述非常生动，我几乎能闻到房间里的气味。每个房间都在严格地发挥各自的功能，机器、零件和燃料在昏暗的环境中微微闪烁。

再上一层是厨房，是这栋建筑的居家中心。厨房的核心是壁炉，但是 20 世纪 70 年代轮到格里看守灯塔时，原本弧形的康沃尔炉灶已经由棱角分明的雷伯恩燃煤炉灶取代。这是现代化改造的一部分。原先的维多利亚式弧形家具也被各种矩形刨花板家具取代了，后者靠在弧形墙面上，显得格格不入。失去这些当初和灯塔本身一样精心设计的家具，是一场悲剧。可能有人会说，到了 20 世纪末，灯塔守护者的生活应该已经和维多利亚时代的前辈不同了。但是，格里描述的灯塔生活听起来同样艰苦，同样夹杂着些许不适。

即使到了 20 世纪 70 年代，炉灶也是灯塔里唯一的热源，但是厚实的花岗岩天花板导致热量无法传递到上层的卧室。他们利用服务室上方的水箱所收集的雨水做饭洗衣，不幸的是，炉灶的烟囱通向塔顶，烟囱里的烟灰经常污染生活用水。塔内使用的固体燃料是经过硫酸盐处理的，如果水接触肥皂会变成蓝绿色，那就说明水质被污染了。幸运的是，他们的饮用水是从内陆运来的，

1　1 加仑 =0.0045 立方米。

放在塔底的凉水库里。热水来自炉灶上的铜箱。有时，过了午夜，值中班（0点至4点）的守塔人会在厨房用水槽里的塑料盆洗衣服。

有时，逆吹的风会将沙砾和灰尘从烟囱吹回厨房，导致毒雾弥漫整个房间，有时还会把宝贵的火焰吹灭。然后，守塔人就会在圆形房间里跌跌撞撞地边走边咳，打开青铜防风百叶窗，让刺鼻的烟雾从窗户散出。这些窗户通常是密封的，但留有几个小通风口，日光透过缝隙照射进来，所以室内大多时候都像黄昏时分。打开百叶窗是有风险的，因为海浪可以轻易地爬上塔身，透过墙壁上的任何缝隙涌入室内，即使灯塔的上面几层也难逃此劫。

我们仔细观察了厨房上面这间卧室的照片，画面里有从前的床铺。至少，这几张床被留下来了。格里解释说，他费尽心思才要到了唯一靠窗的那张床，这样他就可以把枕头靠窗摆好，借窗外的自然光看书。他说，即使身处距离海面60英尺高的灯塔里，他也常常受到滋扰，有时巨浪会拍打到距他的脸只有几英寸的窗户上。俯卧时最能感受到灯塔在风暴中的颤动。

我的眼睛时不时地从他这间地处诺福克的卧室的窗户望出去，窗外的田野向远处绵延，偶尔有汽车在路上隆隆而过。没有海浪拍打这里的窗户，但在这个充满了许多回忆的房间里，大海似乎沉重地压迫着墙壁。

一扇门"砰"地响了一声，是他的一个室友回家吃午饭了。下面的厨房传来微波炉的哔哔声和牧羊人派的香味。有人脚踩靴子登上了楼梯。翻阅灯塔的技术图纸时，我仿佛看到了格里和同事们与他们的工作场所之间持久的斗争。

灯塔除了试图用亚硫酸水毒杀守塔人外，还以其他方式让他们感到不舒服。厨房下面有两台发电机，一台为塔顶的导航灯供电，另一台为室内的灯、水泵和守塔人使用的电器设备供电。发电机24小时不停运转，格里说机器的轰鸣声会持续不断地在灯塔的花岗岩壁中回荡。他说，你迟早会习惯听着这种噪声入睡，但你却无法习惯突如其来的雾钟声。灯塔被浓雾遮住时，需要敲响雾钟警告船只驶离。这种警告声有点像管乐，由空气推动簧片发声，每隔30秒响2.5秒。这也许是一种不同的嚎叫。

无论如何，他们都会被引擎故障吵醒。在灯笼里值夜班的守塔人被突然变暗的光线以及不停跳动的灯光惊醒，连忙叫醒另外两名守塔人，其中两人急忙爬下引擎室去查看故障，剩下的第三个人则盯着主灯。守塔人常常不得不切断室内电源，将导航灯接到供生活用电的发电机上，摸黑维修。格里讲述这一幕时，没有太多的感情色彩，但那样的氛围一定是令人紧张的：两名守塔人借着手电筒的微光修理坏掉的发电机，时不时冲着灯笼里的另外一名守塔人喊话，希望故障已经得到排除。

我跟格里说，狼岩灯塔听起来就像一个狡猾无情的地主，竭尽全力让守塔人时刻干劲十足。他也认为灯塔里的生活相当艰苦，但他不愿意将灯塔拟人化。他谈起过去那段不平凡的生活时不动声色。他说，"我们用哲学的态度去看待"。当我问起他所居住的灯塔被强大的风暴完全吞没的事情时，他只是耸了耸肩。这让我想起讲述战争故事的老兵们，他们总是用轻描淡写的语言讲述大事件。我猜格里大概已经厌倦了别人问他过去的事。

我们简单聊了聊他的前辈们，比如爱尔兰僧侣杜邦，据说他在5世纪时点亮了胡克角，再比如隐士理查德·里德巴罗，据说他在15世纪点亮了亨伯。格里非常尊重远古前辈的成就，那些助航设施在浓雾、暴风、雨水、灰烬的笼罩下，坚忍地点燃灯光，依靠少量的燃料储备，勉强为远古的海员警示危险。我想，在岩石灯塔上工作是隐士的修行，需要守塔人在工作中寻找神秘或浪漫的痕迹。但格里直言道，守塔人从来就是守塔人。

格里告诉我，至少在他那个时代，大多数守塔人都是无神论者，靠简单直白的爱好消磨两次轮值之间的空闲时间。他们制作装在瓶子里的船模，或者学习开放大学的课程。许多守塔人热衷于博物研究或观鸟。更奇妙的是，有一两个居然找到了时间学习制作动物标本。似乎没几个守塔人是饱受折磨的艺术家，因为那样的人是不会被聘用的。灯塔管理部门寻找的是耐性极佳且精神稳定的普通人，而不是痴迷于沉船事故的人。

我问格里，他对托尼·帕克讲述的守塔人历史有何看法。帕克曾在20世纪70年代采访过一些守塔人，他描绘的守塔人形象及工作并不积极，给人留下的总体印象是，守塔人备受孤独乏味困扰，被派往岩石灯塔工作是令人恐惧的。无聊似乎并不仅仅是20世纪末守塔人的专属感受。1877年，托马斯·卡莱尔和同伴到英基斯岛灯塔参观时，他们对守塔人的第一印象就是："此人的一言一行都在表明'看吧，这是无法言说的倦怠的牺牲品'"。

帕克采访过一名将自己比作"齿轮人"的首席守塔人，还采访过一个酒鬼，他利用在岩石灯塔值班这段时间醒酒。灯塔将夫妻分隔两地，常常令婚姻破裂。一名守塔人的妻子曾谈到，她一看到灯塔，就感到令人痛苦的空虚。但令我惊讶的是，格里似乎觉得这些描述太过耸人听闻，他说帕克"没有采访对人"。在我们的谈话过程中，也许最能透露出信息的时刻，是他告诉我说，在他二十年的看守灯塔生涯中，狼岩灯塔是唯一一个他要求调离的地方。

*

在遇见格里之前，我一直认为败坏狼岩灯塔名声的，是禁锢守塔人的糟糕的海洋环境。然而，当我考虑到英国和爱尔兰海岸其他一些岩石灯塔所处的环境也是如此时，我觉得这个理由似乎太过简单。贝尔灯塔和主教岩灯塔的守塔人也遇到过救济船延误的情况，主教岩灯塔附近的天气也十分恶劣。但这些灯塔却不像狼岩灯塔这般声名狼藉，这座灯塔背后一定还有别的故事。事实正如我所料。

格里离开狼岩灯塔后，于1982年到1994年在怀特岛的针岩灯塔担任首席守塔人。他称那里"总体而言非常舒适"。与他在狼岩短暂的三年不同，他在针岩灯塔履职的时间很长，这也证明他确实很享受在那里工作。针岩灯塔坐落于白垩峭壁的最外侧，从那里往西就是斯旺纳奇。像狼岩灯塔一样，这座灯塔也是詹姆斯·沃克设计的，不过建成于1859年，比狼岩灯塔早十年。这"兄弟俩"有着天壤之别，针岩灯塔所处的位置不是暴风雨肆虐的大西洋，而是在离索夫多塞特海岸线不远处更加平静的海面上。登上这座灯塔更容易，交接也更有保障。

针岩灯塔造型似针，外壁笔直向上，而不是逐渐变窄的曲线。格里一到那里，就和同事在每个房间里摆上一圈完好无损的弧形橡木家具和其他配件，把它们布置得漂漂亮亮的。这里没有狼岩灯塔那种陡峭狭窄的铁梯，守塔人可以顺着优雅的螺旋石梯在各层穿梭。关键是，这里的房间直径足有 15 英尺，比狼岩灯塔内直径 12 英尺的房间宽敞多了（尽管考虑到家具，实际使用面积更小一些）。最重要的是，室内通透明亮，除了引擎室外，其他房间都无须安装青铜防风百叶窗，水面折射的阳光在房间的天花板上翩翩起舞。

甚至在两座灯塔附近上演的故事和悲剧也截然不同。格里在针岩灯塔见过的最糟糕的事件，就是一艘船被困在砂石堤一侧，但最终被一艘拖船救走了。相比之下，他的同事在狼岩灯塔的收音机里听到的，则是一幕救生艇的惨剧。1981 年 12 月，内燃机船"联合之星号"的引擎出了故障，被海风带到狼岩以东 8 英里处的芒特湾。在皇家海军直升机的护航下，来自彭利的小型救生艇"所罗门布朗号"驶入风暴中营救船员。当时的风力为 12 级，浪高 60 英尺，致使所有人都遇难了，救生艇的残骸后来在岸边被发现，而 16 名船员全都下落不明。用直升机飞行员的话说：

> 来自彭利的救生艇迎着 60 英尺高的巨浪，在遇难船只（"联合之星"号）附近敏捷地移动，救出四人之后却被海浪迅速拍在遇难船只的舱口盖上。他们的行为是我见过的最勇敢的行为，或许我这辈子都不会再见到了。他们表现出了极大的勇气和奉献精神。他们是我见过的最勇敢的八个人。

既然存在直面悲剧的可能性，在大西洋上的岩石灯塔上工作，是否会比在更为宁静、更靠近内陆的灯塔上工作，比如针岩灯塔，对守塔人心理上造成更大的伤害呢？格里在狼岩灯塔和针岩灯塔上截然不同的生活经历证明了这一点，同时也表明了空间和光照的重要性。尽管岩石灯塔的外表都很相似，但内部却各不相同。虽然詹姆斯·沃克设计的狼岩灯塔异常坚固，足以抵挡大自然的袭击，但有限的内部空间和光照以及周围肆虐的海水，使守塔人难免感觉自己像在蹲监狱。后来建造的埃迪斯通灯塔和主教岩灯塔都更高大宽敞，灯塔里也出现了空余的房间。也许那时人们终于认识到，多出几英尺，多出一间房，对守塔人而言将是一种小小的慈悲，是另一种形式的解脱。

下午渐渐过去，格里放下装建筑图纸的文件夹，拿起另一个装着历史照片的文件夹。照片记录了过去一百四十七年来，狼岩灯塔每十年的变化，每一张照片中的海水都在翻腾。

我们一边翻看，格里一边为我介绍特别的海浪。他能读懂它们，就像牧羊人能读懂天空中的云朵一样。有两张照片中的海浪十分类似，都十分平静。他说，如果像其中一张那样，就可以走出灯塔，走到平台上，但如果是另一张，离开灯塔就不太明智了。他在狼岩灯塔的日子教会了他如何观察海浪并及时躲进灯塔："海浪会不知从哪里突然冒出来……站在平台上，你会看到这团黑影在水下移动，这时候就该进屋了……我遇到过好几次，在这种情况下，我必须得赶紧跳（回灯塔里）。"

狼岩附近的海域总是自作主张。一个角落里的涟漪会在另一个角落里被放大为令人畏惧的巨浪。格里好像能够在三维空间里想象整个海洋，他描述的海就像浴缸里的水，随着看不见的四肢而搅动。我们仔细观察了一张"中等程度"涌浪的照片，海水撞在岩石上，碎成复杂的形状。他说："我过去非常喜欢的一点是，每当大海像照片中这样运动时，海水就会把日光反射进屋内，阳光在浪头上闪闪发亮……那画面美极了，就像雪花，像纯净的雪花，一刻不停地变化。"

下一张照片是轰动一时的风暴。照片上，灯塔几乎被巨浪整个吞没，只有顶部的风向标探了出来。格里在狼岩灯塔任职期间也经历过类似的情况，灯塔不偏不倚地杵在席卷英格兰海峡的风暴的路径上。格里用他一贯轻描淡写的语言说道，在风暴的胁迫下，用3296吨砖石建成的灯塔也在令人担忧地左摇右晃。

1870年，詹姆斯·道格拉斯在土木工程师学会谈到狼岩的建造时，讲述了1869年9月11日灯塔遭遇的第一场恶劣天气。那天，一股"狂风"从西边刮来，把"大量海水"吹向灯塔。这是新来的守塔人经受过的最厉害的风浪。他们说："虽然能明显感觉到每一次海浪冲击带来的震荡，但几乎看不到灯塔在摇晃"。因此，狼岩灯塔并不总会在波涛汹涌的大海中摇晃。那是否因为长期的使用导致它慢慢受损了？格里认为，他赴任前几年，灯塔接受的一项重大改造，彻底改变了它作为建筑的功能，正是这一改动大大加剧了灯塔在风暴中的晃动。1972年，狼岩灯塔成为世界上第一座在灯笼上方建造直升机停机坪的岩石灯塔。

一个由细长钢梁组成的管状笼子从灯塔中升出，支撑起一个很大的圆形直升机停机坪，四周有安全网。与狼岩灯塔所用的光学系统一样，这一结构最初也在泰晤士河畔的布莱克沃尔接受组装和测试。安装这个停机坪和建造最初的灯塔一样具有挑战性：尽管灯塔本身十分坚固，但在设计之初，人们并未考虑到这份额外的重量。为了加固，几根 16 英尺长的钢筋被打入灯塔砖石结构的上面几层。灯笼原本的圆顶遮盖罩因为与停机坪不匹配而被削平了。领港公会委托的承包商利用 1972 年的夏天加紧施工，将预制的停机坪组装在狼岩灯塔上。停机坪危险地悬在岩石上方，下面就是海浪。

这是一项巧妙的干预措施，这样设计的停机坪，一来可以让光线畅通无阻地透过管状笼子的细长钢梁，二来可以提供一条中间通道，供人们在下面的房间和上面的直升机停机坪之间传递行李和补给。但与此同时，这个结构将楼层的顺序颠倒了。从前，人们通过底部的大门走进灯塔，通过楼梯依次走上储藏室、起居室和灯笼。有了停机坪以后，人们从塔顶进入灯塔，再往下走，这也就意味着人们必须笨拙地将燃料和补给从起居室搬运到楼下的储藏室。雷伯恩烟囱现在多了一个天花板，导致天气不好时烹饪用水会被污染。守塔人再也不能倚在阳台栏杆上呼吸新鲜空气了。

自狼岩上成功实现第一次直升机救济之后，这里就多了旋翼的运转声。直升机停机坪一举结束了大费周章的救济船交接。现在仅需几个小时，守塔人就可以安全地往返灯塔。直升机停机坪创造了一种更快捷、更可靠地将设备和新技术带上灯塔的方式，最终也加快了灯塔的自动化进程。正如格里所言："人性的一面被夺走了，不是吗？过去我们唯一的工作就是操作机器，现在这工作交给墙上的另一台机器了。一旦灯塔不再需要人类，一旦灯塔上一切正常，状态比有人看管时更好，那么灯塔就不再需要人看管，守塔人也就没什么事情可做了。如果我现在回到灯塔，我也无事可做。"

尽管如此，也尽管灯塔曾带给他艰苦的生活，格里说他仍然想最后去一趟狼岩灯塔。我想和他同去。他对这个曾经的住所的感情似乎十分复杂，但他已经很细心地带领我了解了狼岩灯塔，而我也十分好奇这个地方会对现在的他产生什么影响。

他给我看的最后一张照片，是三个穿戴着长华达呢雨衣和老式浮力装备的男人，是格里和他的两名同事，他们正准备飞往狼岩灯塔，背后是他们要乘坐的直升机。他说，这张照片是 1976 年在彭赞斯直升机停机坪拍摄的，他向我介绍了另外两名同事：首席守塔人埃迪·马修斯和助理守塔人托尼·伯恩。他指着照片里年轻的自己，那个他被风吹乱了长发，吹眯了眼睛。他说，摄影师总是喜欢拍这种照片，就好像他们正在经受暴风的袭击一般。

● THE THREE NEW KEEPERS for Wolf Rock Lighthouse getting ready to take off from the Penzance Heliport in the Trinity House helicopter to take up their Christmas duties. This was their second attempt to reach there—the first endeavour to land at the lighthouse had to be abandoned because of heavy seas. They are (from left), Messrs. Tony Bourne and Gerry Sherwood (assistant keepers) and Eddie Matthews, (principal keeper).

16. 格里（中）与同事在彭赞斯直升机停机坪，1976年

埃迪斯通灯塔（二）

一个灯塔家族

建成于 1882 年

位于距离康沃尔郡卢港 12 英里处

　　到 19 世纪 70 年代末，约翰·斯密顿的第三座埃迪斯通灯塔已经成为海中一座历史相当悠久的建筑。一个世纪以来，它向来往于英吉利海峡的大量船只致意，它在普利茅斯市民的心目中屹立不倒。它就像这座城市的前哨基地，站在高处的街道和广场上，灯塔遥遥可见。灯塔迎接了一代又一代的守塔人，每一个都与海岸有着特殊的联系，丝丝缕缕的意义串联起现在的内陆与灯塔。

　　但它在礁石上的任期即将结束。灯塔刚落成不久，斯密顿就已经注意到，每当特大的海浪撞击灯塔时，都能感觉灯塔在不经意间微弱地晃动。迈克尔·帕尔默在对这座埃迪斯通灯塔的权威描述中，引用了一封早期守塔人在一场大风暴之后写给斯密顿的信，信中说，"灯塔确实晃动了，塔上的人就像在大树上一样"。

　　一个多世纪后，有调查发现，每年冬天灯塔都晃得比前一年冬天更加明显。但这座灯塔本身并没有什么问题，虽然它有些伤痕，但它的结构依然非常坚固。不过它所在的礁石的底部被不断的海浪运动侵蚀了，不久之后便整个坍塌，灯塔随之坠入海中。

　　领港公会很快提出要建造第四座埃迪斯通灯塔，但他们也提出要拆除斯密顿的灯塔，并将石块无情地倾倒在英吉利海峡中。民众对此提出强烈抗议。普利茅斯市民坚持认为，应当用某种方法保留这座灯塔。当领港公会拿成本说事，提出异议时，市民们决定自己采取措施。经过多场辩论和一系列观者如堵的公开会议，最终的投票结果是，拆掉礁石上的灯塔，并在陆地上将它重新建造起来，作为纪念碑，以纪念灯塔的工程师以及它在过去一百二十三年里阻止的悲剧。选址定在普利茅斯高地，据说德雷克曾在那里打保龄球。项目费用通过募集捐款筹措。于是，拆迁工作开始。

将灯塔拆开是一项"非常困难和乏味的工作"。斯密顿独具匠心地用了一种早期的水硬性水泥将花岗岩块接合在一起，即使还是湿的，这种水泥也能迅速凝固，几乎和花岗岩本身一样坚硬。拆迁队不仅要破解这个难题，还要像做精细手术一样对待这些石块，因为要想在陆地上将这些错综复杂的花岗岩块重新拼接在一起，就必须小心翼翼地保护好它们。

如今，重建的斯密顿灯塔亲切地矗立在普利茅斯高地。但只有灯塔上面三分之二的部分被拆了下来，也就是房间和灯笼的部分，33英尺高的塔基被留在了礁石上。游客只需花点小钱，就可以走进这座灯塔，穿过狭窄的石头走道，进入四间石室，它们是最早的灯塔石室。房间本身的比例很漂亮，有着优美的圆顶天花板，尽管原来的内饰大部分早已消失不见。

最后，你会登上灯笼，这里是一处铜框架结构，内里隐约可见古典线脚装饰。斯密顿原先设计的点着24支蜡烛的枝形吊灯早已熄灭，重新组装的灯笼里并没有灯。人们站在灯笼里向北可以看见普利茅斯，向南是英吉利海峡。就像斯密顿的时代一样，皇家海军的战舰仍然在海峡中来来往往。你可以站在灯塔阳台上看它们，像曾经的守塔人那样在环形阳台走道上踱来踱去，海鸥就在头顶盘旋鸣叫。

1882年夏天，斯密顿当时选用的那些精巧花岗岩，如今已经有点破旧，它们一块又一块踏上了不可思议的旅程，回到内陆。在这项工程中，路况在大多数时候尚可，但也常常遇到意想不到的天气状况，比如洪水、狂潮、突如其来的狂风。尽管在过去的一个世纪里，技术已经进步，但大海仍然是我们必须敬而远之的地方，它仍然能够撼动整座建筑。

石匠们完成铁件的拆卸后，待在灯塔中休息。突然，海面掀起巨浪，一阵猛烈的西风穿过拆了一半的灯塔的缝隙，呼啸着刮进塔内。石匠们赶紧停下手中的事情躲起来，他们大概躲在楼下几层的客厅里等待风暴过去。灯塔随着不断增强的海浪震动，最强的那一个浪猛烈地撞向灯塔，力量之大，甚至将客厅桌子上的一杯水震得溅落到地板上。

这段细节令我战栗，因为将埃迪斯通的故事与我自己的故事融为了一体。在我前往埃迪斯通礁的几个月前，一位远房亲戚出人意料地写信告诉我，他在研究家谱时见到了埃迪斯通。值得一提的是，当时被困在房间里的一名烦躁不安的石匠名叫威廉·南科拉斯。根据人口普查资料显示，这名石匠大师来自圣奥斯特尔，受聘拆除斯密顿的灯塔。他是我祖父家族里的先辈。我的祖父在卢港定居以前，就住在圣奥斯特尔，从卢港沿着距康沃尔南岸德文郡的边境前往那里，不过半个小时的路程。

古镇卢港位于一个矩形港口周围陡峭的山丘上，那里一直是我生活的一部分。我祖父是当地有名的房地产经纪人和拍卖师

（他最大的一笔买卖是把一个岛屿成功卖给一对隐居的姐妹），他的许多交易都是在码头边的港湾月亮酒吧完成的。大家都知道，几桶龙虾就可以换他估一次价。我的父亲和姑姑是在我祖母经营的宾馆阿瓦隆里长大的，那里面朝大海。我们全家在那里度假的画面还在我的印象里，十分鲜活：海鸥在阳光明媚的啤酒园里昂首阔步，指尖被鱼钩痛苦地钩住，低潮时腐烂海草的气味，以及海滩上"那伊阿得号"沉船生锈的船体。从我祖父母家的弓形窗向外看，我可以看到遥远的埃迪斯通灯塔，从过去到现在，它一直是一道异常寂寥迷人的风景。

所以我以卢港作为前往埃迪斯通探险的起点，而不是普利茅斯。从卢港到埃迪斯通礁有一条笔直的航道，姑姑为我联系了一名船主，他拥有一艘绝佳的渡船。

巨浪频频阻碍我们前进。我们迅猛地冲向浪尖，又跌入浪谷，运动和撞击使我们的胃直起直落。我们乘坐的双体船捶打着海面，颠簸得厉害，让我们在甲板上东倒西歪，迈克尔甚至晕船了。他和罗兰又一次陪我踏上探访这块最具历史意义的礁石的旅程，只是我们现在都有点发虚。昨晚，我们和我的叔叔阿姨在几家低矮的中世纪小旅馆里喝酒，最后一场告别酒是在卢港的垂钓俱乐部喝的，那里坐满了口干舌燥的渔民，镇上几代的亲戚都常来这里。我们的桌上堆满了品脱杯，许多渔民缓步踱过来告诫我们说，今天的天气会"非常糟糕"。这话在当时听起来很有趣。

现在，波涛汹涌的大海让我们根本无法在船上站立，只好靠在驾驶室的门上稳住身子。船长戴夫觉得目前的状况尚可接受，但若风浪再猛烈一些，他就不会带我们出海了。我们聊起昨晚在垂钓俱乐部的事，他扬了扬眉毛。戴夫和俱乐部老板比利的关系很好。他说，那里有海港最好喝的啤酒，只要它不是去往埃迪斯通前喝的送别酒。

戴夫是这片海上的老船夫，有着四十年的捕鱼经验。他自己买船之前，曾在商用拖网渔船上工作。大约十年前，他委托普利茅斯的造船厂打造了"神秘二号"，用来接替他早期的船。他现在已是卢港委员会主席（负责管理港口活动），但仍然从事商业捕鱼，同时也载客创收，运送像我们这样的游客。我们简单聊起我在卢港的亲戚，尽管他和我的一个阿姨是校友，但他对我的亲戚们知之甚少。他在大学里第一次学到了埃迪斯通的历史，第一次被课本上的岩石灯塔激起兴趣。这些岩石灯塔设计大胆且富有创新精神，灯塔的建造方案将成为教授工程学课程的良好教材，有关灯塔的故事会吸引最容易走神的学生的注意。当然，戴夫还记得的也只是些故事，而不是史料和日期。他兴高采烈地讲述着学生时代听到的有关埃迪斯通的介绍，虽然细节并不准确，但他的讲述是真情的流露。

罗兰和我看着驾驶室门边的迈克尔。他瘫坐在一堆绳子上，紧紧抓住船舷，头埋在臂弯里，一副孤苦伶仃的模样。我们能做的只有给他递水。一根挂着一个尖钩的竿子竖立在他面前，像一个不祥之兆。戴夫简单粗暴地做出诊断：只有上岸才能治好他的晕船症。幸运的是，我们往返一趟只要 3 个小时。所以，我们必须在 11 点前回来，以免退潮导致我们无法返回卢港。

几分钟后，我们减速。四面八方都看不到陆地了，头顶上，大片金属色的云朵争先恐后地从晴朗的蓝天中凸显出来。日光随之波动。戴夫说，我们到达的时机不错。他调小引擎，引擎发出刺耳的嗡嗡声。从驾驶室沾了海水的窗户向外看，我们的目的地就在前方。

一根维多利亚时期的深色石柱耸立于礁石之上，它是如此高大，似乎能将头顶的天和脚下的海连接在一起。遍布塔身的百叶窗，在饱经风霜的灯塔表面标记出灯塔内部楼层的位置。塔楼越往上越窄，顶部有一个圆柱状的钢笼子、一个宽边的直升机停机坪和一排太阳能电池板。这些现代化的附加设施使建筑的造型变得很复杂。灯塔的影子铺在海浪上，像一条通向灯塔塔基，泛着涟漪的小径。

1882 年，爱丁堡公爵"开放"第四座埃迪斯通时，它就像维多利亚时期工程和制造业的纪念展览。无论从哪个方面看，它都改善了先前的设计。皇室莅临普利茅斯，市政厅举行盛大的庆祝活动，一队海军舰艇在英吉利海峡受检。新的埃迪斯通灯塔代表的正是帝国的力量和仁慈。海洋中还未升起过一座比它更美轮美奂的建筑。

新的埃迪斯通灯塔由领港公会时任总工程师詹姆斯·道格拉斯设计，建造工作主要由他儿子小威廉负责，他是这个项目的驻地工程师，与托马斯·埃德蒙兹一起管理这个项目。小威廉·道格拉斯完美地展现了父亲的设计。新建成的埃迪斯通灯塔有斯密顿灯塔两倍高，房间的数量增加了一倍，塔内配有精致的圆形家具和强大的玻璃光学透镜，而不只是蜡烛。道格拉斯的这座灯塔根据斯密顿所绘的乔治亚风格的蓝图而建，并按照维多利亚时代的风格进行了彻底的"改良"。

灯塔很快就吸引到了游客。1892年，记者弗雷德里克·乔治·基顿在新埃迪斯通灯塔住了3天，他写道："假期里，有乘坐大型轮船从普利茅斯到灯塔参观的短途经济旅行。"他住在灯塔里时，曾见过一次：

> 船上的每个角落都挤满了人。当船驶到距离岩石100码的位置时，我们在走廊上拉响两个大型雾钟中的一个，向对面发出信号，甲板上的人们热情地挥舞手帕回应我们。

我们此刻正在差不多相同的距离上随着水流漂动。在我们的船边，海浪在露出水面的礁石周围泛起一圈泡沫。更深层的水流形成一团团搅动的表层水，被称为漩涡。这是对灯塔名字的直观解释：海水在石头周围打旋[1]。暗流、逆流和上升流，使得在礁石周围行船十分危险。戴夫时不时回驾驶室调整我们的位置，但他只是偶尔这么做，这是他一流驾驶技术的标志，说明他完全了解海水的一举一动。

我们借机钓鳕鱼，抛入水中的钓索被锭形重物迅速拖入水中，戴夫教我们把拇指放在绕线盘上控制鱼钩下落。船在礁石附近漂流，罗兰和我站在右舷，将鱼竿从舷缘上抛出。戴夫在甲板后方一边踱步一边指导。他说，如果感觉绳子松了，说明鱼钩已经触

1　埃迪斯通的英文"eddystone"分解为"石头"和"打旋"。

底。慢慢地把它收起来，然后再放一次。保持节奏稳定，一上一下，一上一下。

我想象着我的诱饵在海水中下沉。礁石的顶部从海床升起，几乎像一座水下山丘的山顶。这些危险礁石周围的海洋生命丰富多彩，因为礁石周围强劲的水流自成一种小气候，许多物种在其中繁衍生息（或许不包括遇难的水手）。我想象着我的鱼钩穿过漂浮的海带、球茎海葵、海绵、独居的龙虾和围着岩堆的鱼群，不断下沉。

我的钓绳松动了。我顺着那条看不见的细线，凝视天鹅绒般的深色海面。我的挂钩和诱饵挂在看不见的暗礁岩层或是海床上了，没能捕到鱼。我在往回收绳的过程中，感觉到一点阻力，大概是有鱼在戏耍钓绳，又或是鱼钩挂到了礁石上。我漫不经心地想，或许是早前那座被拆掉的埃迪斯通灯塔的碎片钩住了我往回收的鱼钩？

最终，我什么都没钓到，没有鱼，也没有灯塔碎片。罗兰同样出师不利。在我们又一次抛出鱼竿，等待鱼儿上钩的过程中，船保持了片刻静止，迈克尔从那堆绳子上爬了起来。他仍未从晕船中缓过劲儿来，脸色像玻璃纤维甲板一样苍白。戴夫喊道："该死的，你快死了！"我皱了皱眉。听到这话，迈克尔艰难地走到舷缘边，面向大海站着。戴夫又给他拿了些水。我带着点负罪感开始重新钓鱼，顺便观察灯塔（我要集中注意力，因为不知道下次再来是什么时候）。

自斯密顿时代以来，岩石灯塔的建造已经得到长足发展。新的建造方法避免了建造这座埃迪斯通灯塔时的一些危险。人们用硫酸清除礁石上的海藻和其他物质，使礁石变得更干净，更不易打滑。建筑工地外围建起一个大型的圆形砖结构，被称为"围堰"，石匠能够在干燥的环境中使用蒸汽动力工具施工。还有一艘强劲的大功率轮船"赫拉克勒斯号"迅捷地将建灯塔的石料和工人从普利茅斯运送到礁石上。到了 19 世纪末，权力阶层开始密切关注这座灯塔。1879 年 8 月 19 日，在斯密顿曾经冒着生命危险为自己的灯塔奠定基础的地方，爱丁堡公爵建起了第四座埃迪斯通灯塔的塔基，更大、更牢固。

但这座灯塔仍是危险的。有一次，一条绷紧的铁链在建造过程中突然断了，将正在壁架上工作的小威廉·道格拉斯击落下来。他往下坠了 70 英尺，直冲着下方裸露的礁石跌落下去，但一道巨浪奇迹般地拍来，赶在他撞击礁石前接住了他。巨浪的缓冲作用让他逃过一劫，没有意外身亡，也没有摔断骨头，只是被淹得够呛。考虑到道格拉斯家族与灯塔独特的渊源，人们难免会这样想：大海是出于尊重，才过来接住了他。

那时建造灯塔已经成为一种家族产业。随着灯塔的建造越发细化，建造灯塔的技术逐渐集中在几个家族手里。小威廉和父亲詹姆斯·道格拉斯（埃迪斯通灯塔完工后其被称为詹姆斯爵士）并不是家族中唯一建造过海上灯塔的人，詹姆斯曾帮助父亲尼古拉斯和兄弟威廉在锡利群岛西南部建造了第一座命运多舛的主教岩灯塔。兄弟俩都经受过这份特殊职业的"洗礼"，因为他们下工时常常游过汹涌的海水返回到船上。因此，小威廉险些被淹死的经历虽然令人胆战心惊，但这在道格拉斯时代并不是什么新鲜事。在爱尔兰，许多灯塔都是由老乔治·哈尔平与小乔治·哈尔平建造的，尽管人们对他们几乎一无所知。

我们更熟悉的是史蒂文森家族的四代人，他们垄断了苏格兰的灯塔建造，在北海建造了许多宏伟的灯塔。罗伯特·史蒂文森的贝尔灯塔为儿子艾伦、戴维和托马斯建造各自的灯塔铺平了道路，其中最著名的是艾伦于1844年建成的斯凯里沃尔灯塔。另一座著名的灯塔是杜布·阿尔塔赫岩石灯塔，罗伯特的孙子罗伯特·路易斯·史蒂文森参与了设计。值得高兴的是，文学将他从这个危险的行业中拽走了。

　　家族化的不仅仅是灯塔建筑师，在过去几个世纪里，还逐渐形成了守塔人世家。其中，最著名的是诺特家族。来自这个家族第六代的乔治·诺特是斯密顿的埃迪斯通灯塔的守塔人，他制作了一件非常精细的软木埃迪斯通灯塔模型。这件费时费力的作品精准地还原了原建筑的细节。一代又一代坎宁安家族的成员一直负责打理豪博莱灯塔，现在依然如此。

　　我与灯塔的关系倒与我的家族无关，但它说明了这些灯塔在几代人之间的联系。这种趋势在埃迪斯通尤为明显。这块礁石上的几座灯塔组成了一个传奇般的建筑家族，每一代的设计和消亡都影响着下一代。在广义上，全国的灯塔都是如此：它们都源自一个共同的祖先，也就是斯密顿设计的第三座埃迪斯通灯塔。

　　离我们钓鱼的地方不远处，就是斯密顿灯塔露出海面的塔基，它比我预想中的更结实。我们刚到这里时，已经为道格拉斯的灯塔大吃一惊，但现在我发现斯密顿灯塔的遗迹更令我无法移开目光。遗迹的存在，不仅证明了斯密顿的设计和建造历久弥新，还为继任灯塔提供了独特的背景。即使你完全不了解埃迪斯通的历史，来到这里后，你也可以合理地推断出，新灯塔是在另一座灯塔的基础上建造起来的。令人叹服的是，这样的建筑遗迹竟能像藤壶一样存在于这块流动的水域。

风化作用使石料变黑，在它上面留下绿色的污痕，但它似乎非常坚固。拆迁留下的是灯塔底部的三分之一，下面宽，上面窄。考虑到橡树对斯密顿设计的影响，用一个合理的比喻来形容，留下来的这部分看起来像一截神秘的树桩。塔基的一侧是台阶，最初通向的是灯塔的入口，但现在台阶尽头什么也没有。一根铁杆神秘地从塔基顶部伸出。一只鸬鹚停在上面，张着翅膀。我想起了我家族里那位也曾来过这里的前辈。

突然，我们的鱼竿随着被下拉的绳子猛地向下弯曲。我和罗兰的诱饵被同时抓住了，戴夫顿时兴奋起来。"稳住，稳住，"他

17. 并排而立的斯密顿灯塔与道格拉斯灯塔，2017年

喊道，"像刚才那样收线。"鱼线末端的生物挣扎着想脱离我的鱼钩。我们沉住气，动作僵硬地往回卷线，急切地盯着海面，想看清我们钓到的究竟是什么。起初，我们什么也看不出，随后，一条美丽的银鳕鱼跃出水面。

最后我们一共抓到三条鱼：两条一会儿烤着吃，一条留给戴夫。当他启动"神秘二号"准备带我们离开时，我发现我们已经绕着礁石漂了一圈，以至于斯密顿灯塔的塔基几乎被前面的道格拉斯灯塔完全挡住了。戴夫告诉我，这是回港口最便捷的路线。如果沿着两座灯塔连成的直线往前行驶，就会得到一条大致指向西北偏北方向的航路，这是回卢港的直线航程。

我指着驾驶室的屏幕和刻度盘，问戴夫他是否还会利用灯塔导航。他顿了顿，说："不会，但我视它为一种警示。"如果灯塔没有立在这里，船长即使拥有 GPS 系统，也会尽可能远离这块礁石。戴夫，一个当了一辈子渔民的人，一名卢港的杰出海员，会这么说，似乎意义重大。灯塔和灯光的存在给人一份安定。与数字模拟、观测技术等现代导航手段相比，灯塔和灯光似乎成了古老的遗迹，但对戴夫而言，至少它们仍是一种导航设施。

现在的灯塔上除了偶尔盘旋的海鸥，不再有其他生命迹象，烟囱里没有烟冒出来，防风窗后面也没有喧闹声。这座建筑似乎郁郁寡欢，仿佛不喜欢接待游客。曾经，这里的守塔人在灯笼的走廊上一边放线钓鱼，一边向船上的游客挥手致意，但这种场景已经消失许久。在这里，唯一能感觉到的人类痕迹，是砖石墙壁上那道长长的紫红色污痕，是有人不小心从七楼的窗户洒下液体留下的痕迹。我想猜猜这道痕迹是否有什么意义，但徒劳无获。

尽管第四座埃迪斯通灯塔极为出色，但它的开创性不如先前三座埃迪斯通灯塔。尽管它是用当时最先进的工具建造的，并由当时能找到的最精美的砖石、金属制品和玻璃制品组建而成，但它遵循的是温斯坦利、鲁迪尔和斯密顿费尽心力开创的建造原则。它的建造不像早期灯塔的建造那样，是一场令人振奋的赌博。设计第四座埃迪斯通灯塔时，已经有前辈留下的令人舒适的参考数据可以借鉴，这些宝贵的资源让它规避了失败。

然而，人们需要不断进步。1982 年，道格拉斯的灯塔建成一百周年时，它成了英国第一座实现自动化和无人化操作的岩石灯塔。它和它的前辈一样，为灯塔的故事翻开了新的篇章，但这一篇章却充满了辛酸和矛盾。守塔人失业了。几个世纪的离岸生活在它开始的地方结束。

近来有一些科学家对灯塔进行了检测，目的是测试使灯塔摇晃但不至于倒塌的风力等级是多少。也许是因为灯塔确确实实挺过了狂风巨浪，人们便感觉它们的韧性似乎得到了证明，因而没有人试图去了解这些巨大的建筑究竟是如何战胜如此极端的环境的。除了史蒂文森家族在 19 世纪做的一些研究外，很少有人用科学研究量化灯塔的受力情况。

因此，2013 年冬天，普利茅斯大学选择埃迪斯通作为实验研究对象。实验人员将灵敏的仪器放置在灯笼中，用来记录海浪对灯塔的影响。礁石附近的一个监测浮标用于测量浪高。那年冬天，埃迪斯通经受了五十年来最猛烈的风暴。在陆地上，狂暴的天气摧毁了德文郡道利斯沿海的铁路线，海水淹没了那里的海滨城镇，不断袭击着英格兰西南部，与 1703 年摧毁第一座埃迪斯通灯塔的大风暴如出一辙。

根据测量结果，埃迪斯通的花岗岩结构能够轻易地抵御这种风暴。尽管仪器记录到了灯塔的摇晃，但灯塔的结构并未受到影响。令人欣慰的是，没有发现任何迹象表明灯塔衰弱了。这座灯塔老而弥坚。

科学家利用从埃迪斯通灯塔获取的数据计算出，需要高 17.5 米的海浪以 21141 千牛顿[1] 的力量撞击灯塔，才会使灯塔倒塌。这力量相当于一个重 2155 吨的破碎球。科学家简洁明了地评论道，英吉利海峡不可能出现上述强度的海浪，至少目前不可能。但在气候变化、海平面上升和海洋风暴不断产生的背景下，岩石灯塔未来可能不得不与更强大的力量抗衡。如果非要说埃迪斯通灯塔能挺住什么样的极端情况，大概除了世界末日之外，它都可以轻松应对。

值得一提的是，最初建造埃迪斯通灯塔的工程师们并不知道这些。他们在设计和建造时参照的是先前的范例，而不是物理知识。由于当时没有细致的波浪荷载研究，维多利亚时代的人仅仅依靠重量和希望建起了他们的灯塔。灯塔的建造如此重要，所以这些建造项目都被委托给了家人，他们是比任何受合同约束的人都更可靠的人。看来，血确实浓于水。

1　千牛顿：工程设计，力学计算中的常用单位，1 千牛顿约等于 102 千克的物体的重力。

主教岩灯塔

一座遥远的灯塔

建成于 1858 年和 1887 年

位于距康沃尔郡兰兹角 32 英里处

我沿着蜿蜒的小路在斜坡上乱跑,气喘吁吁,如无头苍蝇一般。路边是野生的大蒜,树篱一动不动,里面什么生物也没有。我爬上陡峭的斜坡,来到山上。山顶有几座面朝美国的旧瞭望塔,小鸟在路边的尘土中蹦蹦跳跳,把羽毛擦拭干净。我在蔚蓝的天空下奔跑,万里无云,阳光紧紧抓住我裸露的脖子。

我一边跑,心里一边想着建造主教岩灯塔的工人们。在远离陆地的礁石上,这些工人像帽贝一样紧紧抓住不近人情的花岗岩,尽管大西洋的巨浪经常在这块荒凉的建筑工地上翻滚,他们却系上深深扎进岩石的安全带,毫不退缩。甚至,连工具都被系上了安全带。他们也以帽贝为食物——就在附近小岛上阴暗的宿舍里进食,因为暴风雨经常会中断他们的食物供应。他们从船的吃水线上凿下帽贝和藤壶,小心翼翼地从海鸥的巢穴中偷出鸟蛋。就是靠着这点可怜的食物,他们蓄积力量在英国的尽头建了一座灯塔。

我在一个十字路口驻足片刻。这是一个无人看管的摊子,摆着新鲜的鸡蛋和一个诚实箱[1]。我一边缓气,一边观察田野上纵横交

1　顾客可以在无人看管的摊位自助购物,按商品的价格标签将钱投入箱子。

错的石墙。然后，我沿着一条路继续前进。这一次，我看到白色海浪正在下方有力地拍打着。我跑向海湾，但心里还记挂着回程的距离。我竟在无意间慢跑到了小岛尽头。

如果把康沃尔郡比作一只鞋，那么兰兹角就位于康沃尔的鞋头处，虽然它的名字"Land's End"里含有"尽头"的意思，而且这里怪石嶙峋的峭壁也绵延伸入大西洋，给人一种到了尽头的感觉，但其实这里并不是英国领土的尽头。英国真正的陆地尽头是距离内陆西南方向28英里处的锡利群岛，一个诗情画意的群岛，由圣玛丽斯、特雷斯科、圣马丁斯、布赖尔和圣阿格尼丝这五座有人居住的小岛以及无数无人居住的小岛组成。这些形状不规则的小岛随机分布在海面上，仿佛海洋出现前的地貌再现。

从这些小岛间穿过时，群岛的各个部分就像舞台布景一样不停地开合，挡住这里的风景，又露出那里的风景。就这样，在这拥挤的海面上，我时不时瞥见主教岩灯塔。它的轮廓在岬角和岛屿之间出现又消失。

在英国的水域中，这一带的航行要求是最严格的。在较大的岛屿之间，有许多岩石探出头来。群岛北部、东部和西部，各种岩层形状各异，大小不一，有些没在水中，有些露出水面。主教岩周围的水域尽管如此深入大西洋，但并非你所预料的那样毫无特色。这座灯塔标示出西部礁石最西端的一个点。这是一个危险的地质陷阱，就位于通往锡利群岛和英吉利海峡的航道上。这里是英国最致命的海域之一。正如西里尔·诺尔在他那独一无二的著作《康沃尔的灯光和失事船只》中所说："数以百计的船只或被变幻莫测的湍急水流迷惑，或被浓雾误导，或被大西洋上猛烈的海风无助地驱赶着，在这里不幸遇难。"

我和家人住在圣玛丽斯岛上的一间小屋里，圣玛丽斯是群岛中最大的一座。来自彭赞斯的"西隆尼亚III号"停靠在港口，锡利机场坐落在南边一座较高的山丘上。来自各地的游客下了飞机以后乘船去往各个小岛。虽然我们只参观了其中的三座岛屿，但据说这里的岛屿各有特色，考虑到这些岛屿的相似性以及规模，这一点着实令人惊讶。以其中的特雷斯科岛为例，一个久负盛名的家族经营着这座岛，岛上最吸引人的是一个美丽的植物园。这座岛屿看起来是不好接近的，也是保存完好的。而另一边的圣阿格尼丝岛（五座有人居住的岛屿中最小的、地处最西南角的岛）则给人一种宁静感，它将田园与海洋优美地结合起来，岛上有蜿蜒的小巷、废弃的灯塔，还有一座教堂，教堂上的钟是从沉船中打捞起来的。

人们常说锡利群岛不像英国的一部分。从视觉和社会角度上看，这些小岛都是微缩的定居地。这里的一切都处在一个更小、更人性化的尺度上：小镇、小路、小社区、小话（闲聊）。这里大多地势低洼，向哪里望去都可以看见大海。各个港口的船只熙熙攘攘，船夫在热闹的码头上来来往往。每一家酒吧都装饰着和海洋有关的小物件，不过实话实说，与其说是为了迎合游客，不如说是考虑了当地居民的喜好。总体而言，这里的氛围像一个小公国，或者一个水上共和国。

形成这种氛围的部分原因是这些岛屿防卫森严。因为这里可以作为攻击内陆的一个潜在中转站，所以从伊丽莎白时代起，这里就装备了大量的排炮和炮台。由于这里的现代化进程远远落后于内陆，现在这些防御工事在岛屿上仍然非常醒目，从海上看时尤其如此。最突出的是圣玛丽斯岛上的星堡。1593 年，弗朗西斯·戈多芬在东部的岬角建造了这座城堡，以驱散西班牙的入侵。就连圣阿格尼丝岛的老灯塔，也在一楼设有四个小炮口。

如今，锡利群岛与内陆相隔 28 英里。这似乎并不遥远，但一段距离却会过度膨胀，为群岛划定边界。暴风雨会阻碍杂货和钞票的运送，切断海底电话线。去内陆的费用很高，耗时也很久，不可能每天都去。也许比这些更为切实的因素是，这些岛屿的经济发展好像与内陆脱节了。房地产开发几乎不存在。从 17 世纪开始，城镇的建筑群就几乎没有变过，风景优美的黄金地段也从未得到开发。因此，人们在这里会很快想起过去的几个世纪。在圣玛丽斯岛的码头上，人们很容易联想到嘎吱作响的帆船时代。

史前遗迹遍布岛屿，加重了这里的距离感。古老的墓室、立石、耕地和村庄恣意地散布在岛上，结合周围的景观，游人可以轻易地看懂这些遗迹。在圣玛丽斯岛北角的哈兰吉古村，太阳可以直接晒进铁器时代圆形房屋的墙壁和走道。在诺诺尔小岛这个几乎无法存在生命的地方，有一些史前圆屋和农场的遗迹。我晨跑时，在班特石堆逗留了一会儿。这是一个史前墓室，阳光穿透四壁照射进去。我蹲在它的门槛上，和安葬其中的墓主之间相隔的几千年似乎一点也不远。

在圣阿格尼丝岛以西 4 英里的大西洋上，矗立着主教岩灯塔。它位于康沃尔西南 32 英里处，是英国最远的岩石灯塔。在所有的灯塔中，它是最朴素、最无遮无挡的一个，周围除了大西洋再无其他。

我和父亲沿着一条环绕镰刀形小海滩的海岸小径向海港走去。阵阵海风吹来，带着矿物、碘、盐和清新空气的味道。今天会是个好天气。我们正在去圣玛丽斯码头的路上，带着蟹肉三明治和巧克力饼干作为干粮。虽然现在还是四月中旬的清晨，但太阳已经慢慢沸腾起来。我们很早就到了，在一个单独的花岗岩售票亭前排队买票。这个售票亭过去很可能是港口管理员的办公室或海关办公室，现在是船夫做生意的地方。

黑板上用潦草的字迹写着"主教岩灯塔，安内特岩＋西部礁石观赏游"，每张门票17英镑。这种行程不是总能遇上的，有时恶劣的天气会一次性取消好几周的行程，所以游客都对它很感兴趣。门票很快就卖光了。这里的船夫都极具拼搏精神，我们的船"反嘴鹬号"上的乘客已经挤到船舷时，船才出发。我们刚一启程，另一艘船"平行号"就开始兜揽生意，带走其余游客。

船长身材精瘦，长着雀斑，穿着裹身式衣裤。他和年轻的助手一起，领着我们沿花岗岩台阶往下走到船上。助手有着一双黑眼睛，脸上有伤口。他们对待游客的方式，就像农夫冷漠地驱赶牲畜。我脑中突然闪现出船夫为了抢生意在漆黑的码头上大打出手的画面。父亲轻推我，示意我注意同行的几名乘客。一个穿着红色灯芯绒衣服、眼珠子转来转去的胖先生；一个优雅的德国老人，虽然独自出行，却擅于结交新朋友；几个打扮朴素的退休老人戴着难看的帽子，穿着舒适的衣物，拿着照相机，套着防水服，背着帆布背包，架着太阳镜，看上去若有所思，有些则在喃喃自语。船上似乎很快就要打起桥牌游戏。

我们稳稳地驶离港口，向西南方向的圣阿格尼丝岛驶去。船夫从甲板上退到露天的船桥上，与我们分开。在接下来的旅途中，他会一直待在那里，通过广播和我们进行简短的交流。

经过圣阿格尼丝岛时，船长慢条斯理地介绍起岛上的灯塔。这座灯塔建成于1680年，是领港公会首批建造的灯塔之一，没有得到妥善的保护。尽管它对附近地区的航行很有帮助，但它无法阻止船只撞上西部礁石。1911年，它被另一个岬角上一座更有用的灯塔取代。从那以后，它就成了一个矮小的白色地标，随着时间流逝，才渐渐获得一定名气。

安妮特岛是我们的第一站。这是圣阿格尼丝西侧的一个无人小岛。这片光秃秃的岛屿的基岩上有两个低洼草丘，从一头到另一头的距离不到50步。我们靠近小岛，因为人们在船舷跑来跑去，船不停地晃动。大家都想看一眼岛上的鼠海豚和一种不知名的鸟。海豹聚在岩石上休息，阳光下，它们油亮的外皮因为染上了泄漏的石油而发出彩虹般的光泽。面对照相机镜头，它们毫不羞涩。船长借着他站在高处的有利位置，利用广播告诉我们一个又一个鱼类和禽类的所在地，好像他可以操控它们，想让它们在哪里出现，它们就在哪里出现。

阳光在各种物体表面上闪耀，微弱的闪光从漆黑的深水处跳动到深绿色的浅滩上。我们的引擎被调小了，只发出最安静的嗡嗡声，船体下的海水异常平静。我想起柯勒律治的《古舟子咏》："日复一日，日复一日，我们停滞不前，无法动弹，像一艘画中的船，停在一片画中的海。"

西南方向隐约可见畸形生长的岩石，这是西北岩石的起点。"反嘴鹬号"刚才一直在岛屿之间的开阔水域中行驶，现在开辟了一条更有趣的航线，在紧密的岩石群间穿行。当我们绕过安妮特岛的最后一段，向西南方向行驶时，主教岩灯塔突然出现在海面上。这次稍微大了一点，随后它又被前面的一块岩石挡住了。

船的周围都是三亿年前形成的花岗岩露头，上面长满了杂草，残留的海水不断往下滴。我很惊讶地得知，这些露头竟都有名字，船长通过广播念了几个：戈雷根、特伦门尼、克雷巴韦坦、梅勒德根、吉尔斯通、海尔威瑟斯、拉格丝、罗森维恩、罗森维尔。这些名字似乎和岩石本身一样古老，它们是一种被遗忘的语言的遗迹（这种语言源于康沃尔语，曾经濒临灭绝，幸好现在正在复兴）。但为什么要为这些原始的、偏僻的露头命名呢？也许是为了宣告所有权，从而淡化它们的偏远感和危险性。

主教岩灯塔在这些古老的岩石之间消失又重现。我们在狭窄得令人难以置信的水道中穿行，船舷几乎要撞到边上的岩石，船只就在没过水下岩架的黏稠海水中行驶。我们对船长的驾船能力惊叹不已，因为这不是靠简单的导航就可以办到的。我父亲说我们肯定做不到，因为船长需要操纵引擎快速前进或后退。在风帆和蒸汽的年代，船只难以快速改变方向，那时被困在这里一定命悬一线。

我们的船缓慢驶过一些露头，听这里的沉船往事。然后，船长把船停在一个叫佩德纳瑟斯角的岩层附近。他告诉我们说，1977 年 2 月的一天夜里，一艘名叫"布列塔尼之子号"的法国拖

18. 西部礁石中遥远的主教岩灯塔，2017年

网渔船被巨浪困在西部礁石周围。一个巨浪将它卷起，扔在佩德纳瑟斯角上，它很快就被卡在那里了。锡利群岛的救生队听到拖网渔船的求救信号后，赶到现场，并向夜空发射闪光信号灯。一时间，信号灯光照亮遇难的拖网渔船和船头船员们惊恐的脸。然后，闪光信号灯暗去，救生艇的聚光灯失灵，拖网渔船从视野中消失。在躁动的黑暗中，救生艇上的船员们听到一阵可怕的巨浪即将落下的声音，连忙赶在海浪落下前穿过一条狭窄水道逃走。值得称赞的是，后来他们又返回现场，试图进行第二次营救。可是，"布列塔尼之子号"已经踪影全无。它消失了。船体残骸和船员尸体一直没找到。聚光灯下那些法国船员们痛苦的表情，一定在救生队员的心中留下了阴影。尽管他们因为这次尝试营救获得了一枚银牌奖章。

短短的几个世纪里，成千上万人在这片海域丧生。我们经过了外吉尔斯通。1707年，海军上将克劳德斯利·斯普威尔的皇家海军旗舰"联合号"在这里遭遇一次灾难性的航行失误，带着英国舰队的骄傲沉入了水中。

同年10月，15艘由斯普威尔指挥的大型战舰载着与法国和西班牙在土伦战败的伤兵归国。他们从直布罗陀出发，沿西班牙海岸航行，被困在恶劣的比斯开湾。他们在暴风雨中迷失了方向，以为自己在乌尚特（一个远离法国布雷顿海岸的小岛）以西某个安全的地方，于是他们朝着海峡入口驶去。当时的导航方式不过是根据经验猜测方位。事实上，他们比想象中的位置更靠北许多，他们正朝着锡利群岛驶去。黄昏时分，他们靠近西部礁石。

舰队的四艘船像跨栏失足的赛马一样接连在礁石失事。"联合号"与外吉尔斯通礁石相撞,五分钟后沉没。"火把号"也撞上了外吉尔斯通,但被海浪推开,艰难地行驶了一段距离,最后在附近的史密斯湾沉没。"老鹰号"被克里姆礁石弹回,在断裂岩架被撞得四分五裂。"罗姆尼号"撞上了主教岩,带着全体船员沉入海中。仅那一晚的死亡人数就超过了2000人。听到这里,"反嘴鹬号"一片寂静,有好几分钟,船里只有连接对岸的无线电的白噪声在驾驶室里诡异地嗞嗞作响。

尽管英国舰队的失事是一场灾难,但几个世纪以后,主教岩上才建起了灯塔。相反,这场悲剧促使当时的政府设立了经度委员会,并设立了一个奖项鼓励挑选最准确的经度测定方法。因为当时的人们认为,无法准确得知经度,是造成这场灾难的原因。在如此遥远的海上建造建筑太过艰难,在当时,这段距离是无法逾越的。

不出所料,这里几乎没有人类生命的迹象。贫瘠的罗森维尔小岛是个例外,它比其他小岛稍大,一座石头建筑的废墟冷酷地立在岛上,屋顶已消失不见,只剩下部分倒塌的三角墙。但我们仍然可以分辨出这座建筑的结构是长方形的,有着规则的门窗,像苏格兰山区的棚屋。住在这里的会是谁?他们为什么会住在这儿?考虑到大西洋的猛烈攻势,这座建筑的存在几乎令人难以置信。当船长告诉我们,它的建造时间可以追溯到19世纪50年代时,我们的怀疑更深了。这意味着它已经在这里伫立了一个多世纪。原来这是建造第一座主教岩灯塔时的工人宿舍,为了避免往返圣阿格尼丝岛,工人、石匠和灯塔工程师就住在罗森维尔。他们是罗森维尔的第一批住民,也是最后一批。我对这个想法惊诧不已。住在偏远坚固的岩石灯塔里是一回事，住在这种按照陆地建筑设计的宿舍里，屋里没有任何抵御巨浪的设施，肯定是非常危险的。

我们离开罗森维尔和西部礁石，驶过更开阔的水域，朝主教岩驶去。我们的行进路线要是被画在地图上，大概毫无规律可循，一会儿是直线，一会儿在绕圈，一会儿又在蜿蜒前行，好像我们要鼓起勇气才敢深入海洋。现在，从岛屿和岩层之间多次瞥见主教灯塔之后，它终于完全出现在我们眼前。我们加快了速度。

主教岩的命名有各种各样的说法。一种说法是，在这里建起灯塔以前，主教岩的外形与主教冠极为相似。另一种说法是，17 世纪时，有两个分别姓 bishop[1] 和 clerk[2] 的人在此遇难（主教岩周围有一些较小的礁石，有时被称作文书岩）。但根据伊丽莎白·斯坦布鲁克的说法，这个名字首次出现，是在 1302 年的一份行政文件中。文件用蹩脚的拉丁语记录了这块礁石是如何被用作行刑地点的：两名被指控偷盗的锡利群岛妇女被带到了"Maenenescop"（康沃尔语中"主教岩"的意思），然后留在那里被潮水淹死。

到了 1849 年，主教岩就开始拯救生命而非夺走生命了。领港公会似乎被 19 世纪 40 年代西部礁石上灾难性的沉船事件激起了标记主教岩的热情：1841 年 1 月，客轮"泰晤士号"失事，仅四

---

1 bishop 的意思是"主教"。

2 clerk 的意思是"文书，职员"。

人幸存；1841年2月，运送小麦的"威廉·普罗本号"在梅勒德根失事；1843年1月，双桅纵帆船"杜罗号"在克雷巴韦坦失事，船上无人幸免于难；1843年11月，双桅纵帆船"挑战者号"在未被标记的西部礁石上撞散架，船员靠着一只船桨划向布莱赫，死里逃生。

主教岩灯塔的第一版设计与众不同，是一个像攀登架一样的铸铁结构。这样一座以铸铁而不是砖石建成的灯塔，是在这种裸露岩石上进行的一次试验。这种设计让海浪无法撞在结实的物体上，海水的冲击力反而会被一根根细长的支撑柱分解。该原理在彭布罗克郡海岸的斯莫尔斯岩灯塔上已经被运用了八十五年之久，不过那里的灯塔是木制的（内部非常狭窄，支撑柱上只有两间木屋供守塔人休息）。在兰开夏海岸和泰晤士河河口这种有更多遮蔽物的地方，类似的铸铁灯塔也都非常成功。也许搭建这样一座灯塔的一个决定性因素是，这要比建造一座岩石灯塔便宜得多（前者造价1.25万英镑，后者造价3.6万英镑），在这遥远的主教岩上建灯塔尤其如此，运输距离会使人力和材料成本陡增。

但这看似省钱，其实不然。1850年2月初，一场大风暴肆虐锡利群岛长达3天。风暴平息后，领港公会驻锡利群岛的代理人似乎有着不祥的预感，从他位于特雷斯科的家中的窗户往外瞧，他心里大概也已经猜到会看到什么景象：本该竖立着一座铸铁架的地方，现在什么也没有——海浪摧毁了未完工的灯塔。

这是一次糟糕的成本误算。现存的铸铁灯塔所在的地方都有遮蔽物，不像主教岩这般一览无余地暴露在浩瀚的大西洋面前。这一次节省成本的失败尝试是一个有益的教训，建设岩石灯塔不应吝啬成本。领港公会开始第二次尝试，决定采用恰当的方式解决问题。他们的工程师詹姆斯·沃克回到绘图板前。这一次，他们要用石头进行建造。

那时，沃克只设计过两座岩石灯塔：1838年建成的标记梅奈海峡入口的特温杜灯塔，以及1844年建成的、跨坐在普利茅斯港入口处的巨大防波堤上的灯塔。这两座灯塔都十分结实，所处环境相对温和。正如他设计的第一座铸铁主教岩灯塔所示，沃克还不熟悉该如何在主教岩这种裸露的地方建造灯塔。

这次，他设计了一个更传统的石塔。与之前一样，礁石的施工过程由尼古拉斯·道格拉斯负责管理，他当时已经年过五旬，所以他的两个二十多岁的儿子詹姆斯和威廉也一起协助，完成体力要求较高的工作。礁石上可供施工的面积小得不可思议，局促感极强，石匠们工作时挨得很近，工作环境非常危险。他们在礁石上凿出了一个深坑用来打地基，需要有人下到坑内放入基石。石匠们害怕被石头压死，都拒绝走下石坑，直到一个姓道格拉斯的人（或许是詹姆斯·道格拉斯）带头做了榜样。

他们在大西洋上施工时，没有任何防护措施。因为常常会被海浪伏击，所以他们施工时会紧紧抓住彼此，力气"有时候太大了，甚至会抓出伤痕"。奇怪的是，有一个人似乎很喜欢这种感觉，这个人就是1855年参与建造灯塔的锡利群岛诗人罗伯特·梅比。他兴高采烈地写道："这个夏天非常令人愉快，我对我的工作很满意。"但他只在礁石上待了一个夏天，毕竟，他是诗人。

工人们花了八年时间，才建好并点亮这座灯塔。建造过程中出现了各种各样的问题：与当地土地所有人奥古斯都·史密斯

（自诩为"岛主"）的争执、花岗岩的短缺、领港公会委员会对建造方案提出的修改（施工开始后他们才提出要扩建灯塔）。更加荒谬的是，领港公会谴责工人们在礼拜日施工，这充分显示出这些大人物多么不了解建筑施工。不过，当有人向他们解释说因为海上的天气难以捉摸，每一天都要分秒必争时，领港公会妥协了。

1857年8月28日，伴随着一声轰响，最后一块石头安置到位。1858年9月1日，灯笼首次点起灯光。一座重量近3000吨、高147英尺的花岗岩灯塔立在了主教岩上。领港公会为这一成功欢欣鼓舞，但他们的喜悦没能持续太久。

1860年，一场暴风雨把铸铁灯笼的顶盖劈开，扯掉重达0.25吨的雾钟和黄铜大门，将灯塔吹得左摇右晃，连守塔人的陶器都从橱柜里掉了下来。1874年，一场异常凶猛的风暴在西部礁石上肆虐，狂风猛烈，海浪高达70英尺。灯塔的透镜和灯笼玻璃碎裂，外部砖石结构破损，灯塔剧烈晃动。在此之后，领港公会试着加固灯塔，用粗壮的铁链固定灯塔的内外两侧，可惜这是一次失败的尝试。经受一场又一场风暴之后，灯塔越来越破旧，外侧出现裂缝，花岗岩块不断掉下石屑，外侧的石壁上仿佛打满了补丁。

恶劣的天气是一个主要因素，但沃克的设计方案从本质上削弱了建筑结构的强度。他采用砂浆固定石块，而没有利用榫卯结构将石块接合为一个牢不可破的整体。当务之急是对灯塔的结构做大改。

因此，1882年，詹姆斯·道格拉斯（沃克的继任工程师）提议修建和扩建主教岩石灯塔。道格拉斯并不打算拆除原灯塔，他建议用一层厚厚的花岗岩外壁裹住沃克设计的备受争议的结构，利用榫卯结构将每一块花岗石紧密接合在一起。他设计了一个巨大的鼓形花岗岩塔基，用垂直的侧边而非锥形边分散海浪。他把顶部加高了四层，并在最顶端搭建了一个新灯笼，高度是旧灯笼的两倍。灯塔下半部分沃克设计的房间得到保留，但旧的入口被砖块封上，并被埋入底部的新花岗岩塔基中。道格拉斯试图增加塔身重量，几乎所有的装饰都是青铜制品。新增的花岗岩使灯塔的总重增加到6000吨，仅是光透镜，就重达6吨。第二座主教岩灯塔的总高度为167英尺，是当时英国建造的最高的岩石灯塔。

石匠们施工时可以将安全带系在原来的灯塔上，所以第二座灯塔的建造过程不像第一座那样艰难。道格拉斯和他的团队也从技术进步中获益，他们使用了建造第四座埃迪斯通灯塔（1882年完工）时所选用的大部分蒸汽驱动设备。他们从1882年开始动工，到1887年竣工。但是，尽管这一次的项目难度稍微小一点，然而大西洋海浪的可怕程度却不减当年。灯笼建好之后，有一名工人曾从塔顶俯瞰。他回忆说："当海浪退去，准备发起下一次袭击时，站在塔顶望下去就像在俯视地狱入口。"

对原有灯塔进行包裹和扩建是一种创新。道格拉斯精打细算地二次利用沃克灯塔的砖石结构，既节省了金钱，也节省了时间。这是一种有趣的早期建筑保护行为：道格拉斯1887年建的灯塔像俄罗斯套娃一样裹住了沃克1858年建的灯塔。与其说这两座灯塔像那四座埃迪斯通灯塔般一座接替另一座，倒不如说原灯塔融进了新灯塔，第一座主教岩灯塔变成了第二座灯塔。这么做的结果，不是这一座灯塔或者另一座灯塔的诞生，而是两座灯塔的蜕变。

主教岩灯塔一定曾遭受过重创，这一点非常明显，因为它是迄今为止我见过的风化程度最严重的岩石灯塔。石头上到处都是褪色的痕迹，凹痕密布，夹杂着橙色和红色污渍，内部的铁锈已经逐渐渗透到花岗岩中了。灯塔底部黑色的浪痕，像是给灯塔上了一层迷彩。天气作用让花岗岩蒙上了不同程度的灰色，从积雨云灰到象皮灰，各色俱全。灯塔的风雨百叶窗原本是深绿色的，现在完全脱漆，好像被喷砂了一样。

然而，我父亲觉得这是一种美，他感觉一座完美的灯塔从水里直冲出来。我明白他的意思。这座灯塔的规模无比庞大，单单鼓形塔基就已经非常巨大。它以极度优雅的姿态矗立在此，脚下踩着的，却只是一块小小的礁石，充其量算得上大海中的一个小小立足点。

这座高达167英尺的花岗岩建筑直指天空，完完全全填满了我们的视野，经过刚才的一段旅程后，我们的感官已经扭曲，吃力地感悟着眼前的奇观。在这里，你会感觉它的建造史是虚构的。灯塔矗立在那里，就像魔术师揭秘魔术前表演的把戏。如果先前没有稍做了解，仅凭眼前所见，根本无法推断出它是如何建造的。许多灯塔的建造痕迹都被留下了：贝尔灯塔上的铁轨、狼岩灯塔的码头，最明显的是斯密顿灯塔在埃迪斯通留下的遗迹。而在这里，没有任何痕迹可以泄露出建造主教岩灯塔的把戏究竟是什么。

顶部的直升机停机坪指明了灯塔现在的入口，但是我们仍然可以看到下方曾经的入口。从水线往上的台阶镶嵌在已经积垢的粉红色花岗岩中，你可以沿着台阶小心翼翼地爬到塔基上，那里有一小段蹬梯，通向一个狭窄的平台，环绕着塔身的其余部分。你可以在这里驻足，回头观望大海如何吞吐下方的台阶。然后，你必须鼓起勇气，爬上一段较长的蹬梯，来到表面已经起泡的入口大门，这里距海面40多英尺。

这些台阶和蹬梯应该是这里唯一有居家特色的东西了。这里给人印象最深刻的，是不近人情的工程特色，以及建筑对自然的极端干预。主教岩灯塔太过宏伟，人们难以将它仅仅看作一座建筑物。相反，它就像吊桥或大坝一样，是对结构和吨位的纯粹表达，让人感觉它驾驭着巨大的力量。

这些抽象的品质使灯塔的年龄很难确定。它仅有两个世纪的历史，远远不如有着八百年历史，位于英国乡村的诺曼教堂。然而，风化使岩石接缝变得模糊不清，使它看起来就像从一块岩石上凿下来的，给人一种历经沧桑的感觉。它一直在原始环境中风餐露宿。如果将它与它立足的怪异西部礁石一起看待，它宛若一块直立的石头，矗立在一堆坍塌得难以辨认形状的岩石之中，让人莫名其妙地联想到陆地上的史前遗址。

从某种特殊的意义上讲，它是古老的。用于建造灯塔的大部分花岗岩都来自康沃尔郡的博德明摩尔，是从形成于3.3亿至2.72亿年前的矿床中开采的（无法更精确地确定年代）。主教岩灯塔的每一块石头都可能是19世纪80年代加工处理的，但它们的起源却要古老得多。另外，这些花岗岩还有一种宿命感。它的生命起源于液态岩浆，首先从地核向上涌出，然后经历了上千年的冷却，当它凝固时，变成了一种结构紧密的矿物晶体，其结构就像灯塔的榫卯结构一样。这些石头仿佛就是为了建造灯塔而生。

灯笼上的电线和橱柜以及转动的透镜，都提醒我们主教岩灯塔仍在运转。像其他灯塔一样，这里也无人居住，现在可能也不适合居住了。事实上，我见过负责维护灯塔的工作人员。他们乘飞机到这里，确保透镜的功能不会减弱，灯泡不会失效。对他们来说，这是一个严酷的工作点。2014年2月的情人节，灯塔被风暴围困，因为海浪冲击，工程师从床上被摔到墙上。他们说，随着风暴不断加剧，他们听到灯塔深处传来可怕的呻吟声和碰撞声。

距离灯塔约半英里的地方是雷塔里耶岩壁。1875年，"席勒号"灾难性的失事现场就在这里。"席勒号"是那时最好的横跨大西洋的蒸汽邮轮之一。当时，它正从纽约驶向普利茅斯，进入英吉利海峡时，浓雾遮住了主教岩灯塔的灯光。出于某种原因，没人听到主教岩灯塔传出的雾钟声。退潮时，"席勒号"径直撞上平时一览无余、等待大肆屠杀船只的雷塔里耶岩壁。总计254名乘客和101名船务人员中，只有45人幸存下来。守塔人在灯塔的窗台上看到船只在岩架上失事，他们所能做的，只有悲痛地拉响雾钟。

1858年这里发出第一束灯光后，沉船事故大大减少。事实上，随着别处的灯光相继照亮英国海岸线上的其他危险地带，曾经被视为几乎不可避免的航运灾难得以避免。仿佛每一座新建的岩石灯塔都逐渐驯服了大海。主教岩灯塔周围的水域格外危险，驯服它得大费周章。

但"席勒号"之后的"布列塔尼之子号"，以及众多在灯塔附近失事的船只表明，无论我们的干预措施多么了不起，海洋总能释放出我们无法掌控的力量。听船长讲完"席勒号"的故事，看着远去的主教岩灯塔，我感悟到它还有一种新的力量，一种成功与失败交织的力量。在1875年那个夺命之夜，这个强有力的存在却无能为力。

虽然道格拉斯为灯塔做了一系列工作，主教岩灯塔仍然在暴风雨中摇摇晃晃。它的守护人之一——W. J. 刘易斯——在其回忆录《无尽的守夜》一书中，敏锐而温情地描述了他在灯塔工作期间的经历。刘易斯于20世纪20年代负责看守灯塔，他生动地描述了被暴风雨困在塔里的情景，说明了当时的情况多么令人震惊："整座建筑都因撞击而颤抖，这是一种无法准确描述的奇怪感觉，人的神经需要足够坚强……"

我们对一座建筑物的期望是，它应当安全和坚固。突然对6000吨花岗岩的保护能力产生怀疑，尤其身处远海时，人们的心理状态一定会动摇。第一次目睹杯盘碗碟因为晃动而叮当作响，肯定会惊慌失措。但他们别无选择，只能坚强地忍受这些痛苦，或放弃这份稳定的工作以及当时比较罕见的养老金和其他福利。像生活在地壳断层线上的人一样，在类似主教岩灯塔的地方值班的守塔人，也必须在心理上做好应对"海震"的准备。我无法想象有谁能从容地忍受这种担忧。刘易斯在书中写道：

> 灯塔在塔基上跳动时几乎是活的，它似乎无力反击，只能站稳脚跟，跟着旋律跳动……我站在顶楼的一扇窗户旁，看着巨浪从大西洋卷来，冲向灯笼，拍上屋

顶。突然，海水以强劲的冲击力撞击走廊下方，力道如此之大，透镜从汞池中抬起了一点，然后又回落到池中，像花洒一样把汞溅到灯笼的四处。灯塔的震颤如此强烈，我们甚至要两人一起，才能为震掉罩子的灯盖上新的罩子。

这种强度的风暴是罕见的，一生中可能只会经历一次。风暴过后，有资质的工程师对灯塔的塔基和设备进行了检查，没有发现任何故障。

将主教岩灯塔这样的灯塔形容为"能够在塔基上跳动"，像刘易斯用优美的文字描述的那样，是违背逻辑、混淆观感的。说灯塔的摇晃并不会影响它的结构完整性，像有关埃迪斯通的最新研究所示的那样，又只会加深它的神秘感。这种超现实的行为动摇了我们对建筑的概念，也让这些庞大的建筑结构呈现出意想不到的弱点。

在我们返回圣玛丽斯岛的途中，没有人提起主教岩灯塔。同行的乘客们似乎都准备回港了，闲聊渐渐结束。我们没有沿着西部礁石走回头路，而是绕到北边，取道"布罗得湾"返航。这是一条水面更宽阔、视野更清晰的通道，可以更加安全地通过这片水域。我和父亲现在非常想喝啤酒。

太阳当空，我像板球运动员一样往脸上涂抹防晒霜。我们还没拧开用来御寒的弧形小扁瓶威士忌，锡蜡里面的酒水已经被太阳晒暖了。我心不在焉地吃着东西，大脑仍在消化我看到的一切。尽管主教岩所在的水域以夺命海浪闻名，但父亲说这一带的水域算是平静的，是他见过的最温顺的大西洋水域（他是在康沃尔海岸长大的）。他觉得这片水域具有欺骗性，没有给我们安全感，反而令我们不安。它波光粼粼，像加勒比海，不像大西洋。太阳在我们头顶上熊熊燃烧。

在这里，人的感性被加强，感知被锐化，理性被留在码头上了。不仅我们会这么说，刘易斯也如此评价自己在主教岩灯塔守夜（他称之为"守墓"）的感受：

> 守夜对内心的影响极大。守夜时人有时间去思考，也有时间带着想象力去思考。在这种环境中，守塔人会完全相信那些完全不真实的存在，灯笼里任何一点不同寻常的噪声都会引起片刻的恐惧。守塔人会听到一些奇怪的声音，好像没有任何声源，或者说对它们是什么东西发出的永远不得而知。有一次，夜里非常暗，几乎看不见星星，周围低处的岩石被黑暗包裹着。我突然看到一个闪闪发亮的水池，就像一颗镶在硬质橡胶里的大钻石。它的光芒耀眼神秘，无从解释它为何会出现在这里。第二天早上，我在那块岩石上发现了许多类似的池子，昨晚那块水池和周围的没有任何不同。

我以为我对此已经见怪不怪了。在豪博莱灯塔的餐厅里，我会相信是因为灯塔中闹鬼才举行圣化仪式驱鬼，我还记得自己曾猜想那间装饰华丽的"半潮室"是为了安抚神灵。在内陆，这种信仰和猜测似乎荒诞不经。但在主教岩灯塔上，在一个非同寻常的环境中，这种心态似乎完全有可能再次出现。那天晚上，刘易斯试图为他所看到的景象找一个解释：

> 我在望远镜上安装夜视镜片，发现我能清楚地看到水池里的一切。我的推论是：某颗特别明亮的星星正好照射在水面上，水池从一个方向接收到光线，再从另一个方向反射出光线。但这只是猜测。

奇怪的事件频繁在此发生。1907 年，一艘七桅七帆的纵帆船，像一个扭曲的幻影似的，在附近的沙格礁石上失事。1849 年，一个恰巧名叫 Lady Tower（直译为：灯塔女子）的贵族前来参观第一座命运多舛的主教岩石灯塔，并在船上愉快地为这座灯塔画了素描。后来，在施工接近尾声时，在道格拉斯的工人们居住的罗森维尔岛上举行了一场盛大的舞会。托马斯·威廉姆斯在他为道格拉斯撰写的传记中这样写道：

> 宿舍里的东西都已收拾干净，灯火辉煌，彩旗飘飘。约定的时刻到来，数不清的小船载着客人来了。在詹姆斯·道格拉斯（他的长笛吹得很棒）率领的宿舍乐队的伴奏下，歌舞一直持续到清晨（客人们在月光下划船归去）。

鉴于这个小岛只是一个受海风侵蚀、受海浪冲击的小丘，而且草地贫瘠，基岩裸露，只有一块耕地那么大，因此这里发生的一件事值得注意。有一天，一个独自在罗森维尔工作的铁匠听到一段空灵的音乐，他无法辨别其来源，他认为（也或许是希望）是工友从灯塔回来了，所以继续打铁，希望快点看到工友爬上山来。但几个小时之后，他的工友才现身，而音乐已经停止许久。铁匠称，这段音乐"不属于这个世界"。

我想起了格里，那个淡定的前狼岩灯塔守塔人。他不会说这种话。看守灯塔、灯塔这座建筑以及灯塔和陆地之间的距离，都不会令他产生任何幻觉。他身披铠甲，对幻觉刀枪不入。尽管刘易斯声称自己"不是一个浪漫主义者"，但他沉醉于幻觉。事实上，刘易斯似乎是一个例外。大多数守塔人都很清醒，在谈到自己遇到的特殊情况时，他们似乎认为那些都是司空见惯的事情。

但是主教岩灯塔非同寻常。岩石灯塔本质上就是超现实的冒险，遥望像海市蜃楼，近看则似一座大山。它们具有奇怪的二元性，神秘感和掌控感并存。一座建筑能在它的塔基上频繁跳动，也许是它最超现实的一面。

上一次去埃迪斯通探险时，戴夫建议我伸出手拍张照片，好像我正用大拇指和食指夹着道格拉斯的灯塔。为了拍这张照片，我们费了不少时间调整角度，好让我的手和灯塔对齐，但是船下的海水翻腾得太厉害，我们最终也没能拍摄成功。

那一次异想天开的拍摄更深刻地表明，人们很难将自己与这些灯塔联系在一起。无论采用什么方法，灯塔与人之间总有一段距离。虽然我千里迢迢地从内陆来到这里，但我仍然无法用手触碰主教岩灯塔冰冷的砖石，也无法像靠在陆地上的大多数建筑物那样靠着这座塔楼的墙壁。船能靠得多近，取决于船长的勇气，

19. 通向主教岩灯塔的台阶，2017年

这意味着永远无法触碰到它，它永远可望而不可即，馋得人发狂。

史前的锡利群岛是一块陆地，后来被不断上升的海面分割成现在的各个岛屿和小岛。这就解释了为什么一些史前锡利人聚居地的位置现在看来十分奇怪。例如，现在的诺诺岛似乎不太像农场所在地，但如果它曾经是一个大岛的小丘，那便不足为奇了。

公元 6 世纪，也就是英国脱离罗马帝国后不久，海平面上升，淹没了原本将各个小岛连接在一起的中部平原。部分平原现位于水下，海面非常低时，人们可以在特雷斯科和布赖尔之间走动。事实上，到了伊丽莎白时代，盐沼仍与一些岛屿相连。

那场洪水可能发生在古时，但由此产生的民间传说流传至今。故事从一座小岛传到另一座小岛，有关利奥尼斯的传闻很可能就是这样流传下来的。利奥尼斯是康沃尔以西某处被水淹没的国家，据说亚瑟王在那里杀死了莫德雷德。关于利奥尼斯的具体地点有多种说法，其中一个最常见的是：它位于锡利群岛与兰兹角之间的某片水域之下。锡利群岛曾与不列颠岛相接，这一说法可能有道理。在彭赞斯附近的惠里敦海滩，在退潮的沙滩上会出现树桩化石，这是青铜时代生长在此的一片古老森林留下的。

惠里敦也是海中的一个孤立小岛。除了古老的树桩外，这里在低潮时还会显现出奇特的岩层，比如由石英、长石和斑岩组成的"淡英斑岩"长堤。它距离海岸约 240 码，退潮时可以步行到达。现在，这些不知名的岩层阴暗得难以形容，到处都是海藻，但 18 世纪时，这里丰富的锡矿细脉闪闪发光。矿工纷纷前来开采，很快就挖光了地表的锡矿，也就不再来了。这里每天被潮汐浸没两次，也阻止了矿工进一步挖掘锡矿。

但托马斯·柯蒂斯与众不同。他是一名"处境卑微"的矿工，来自康沃尔的矿业城市布雷格。1778 年，57 岁的他来到这里，挖掘已被开采过的细矿脉下丰富的海底锡矿。这期间，他挖出了世界上第一个离岸矿井：惠里敦矿井。

就像建造岩石灯塔一样，他也只能在夏季退潮时工作。为了抵御海水袭击，他建了一座 20 英尺高的木质围挡护住矿井入口，用油脂和沥青为木质围挡做防水处理，并用铁加固。三年后，挖掘的深度已经足够他找到并开采锡矿了。这座矿井很快就开始为他盈利，仅 1792 年一年，他就开采出了价值 3000 英镑（相当于如今 40 多万英镑）的锡矿。

木质围挡挡住了大部分海水，但小部分海水还是涌进了矿井。每次轮班前，矿工都要耗费 2 个小时用绳子和水桶排干矿井的海水。但 6 个小时后，海水又会涌入矿井。尽管工人的效率很高，但他们每分钟最多能排出 4 加仑的水，无法完全抵挡住大海的侵入。

1794 年，一个看过这个奇观的人说：

> 矿井深达 17 英寻，海水不断涌进矿井，海浪的吼叫声清晰可辨。将绳子绑在工人髋部后再把他们放进矿井中，与把水桶放进水井里完全一样，因为矿井有些区域的水深超过膝盖。

海底矿井与诸如主教岩灯塔的岩石灯塔相反。柯蒂斯没有在受海浪横扫的危险地带向上搭盖建筑，而是向下挖掘，他创造的是被挖空的矿洞，而非一座建筑。矿井深处隐隐发光的锡矿是灯塔导航灯的对立面。但最终，这个矿井还是坍塌了。一场风暴挟着一艘船摧毁了围挡，海水涌进矿井，迫使矿井关闭。

惠里敦矿井是一个充满风险和机会的工程，它离海只有几百码，靠近海岸的安全区。也许就是这段相对较短的几百码距离，让矿工对大海的力量掉以轻心，宁愿冒着风险，在摇摇欲坠的围挡被冲垮之前尽可能多地赚钱。正如他们在开工前要不停地往外舀水所表明的那样，他们的采矿过程也要争分夺秒，他们的工地只能暂时逃过海浪的袭击。

建造灯塔是一种截然不同的努力。尽管灯塔是经受了最多次海浪撼动的建筑，但它可以傲视大海。遥远的距离造就了它。第一座铸铁灯塔建成不久便坍塌了，这证明削减成本和投机取巧在这里是蛮干。距离每增加1英里，对牢固与高度的需要也相应增加。到1887年，我们已经直面过这段距离带来的挑战，我们竖立了一座不朽的纪念碑，一块坚不可摧的石头。

我们占领的海域不过方寸，相比之下，不断上升的海平面却占据了我们大片的陆地。当然，这是一场自古就有的对抗，洪水使远古的祖先失去了农场、耕地、神龛和家园。在这一点上，我们与祖先有共同之处，因为海平面仍在不断上升，我们的土地也岌岌可危。但在锡利群岛，海水还未磨灭青铜和铁器时代的祖先留下的痕迹，他们留下的立石使他们不朽。

在他们的时代，主教岩露出海面的高度比现在高得多（不知是不是巧合，班特石堆的墓室正对着它）。如今，大部分的原始岩石已被淹没，但是灯塔的鼓状塔基仍然完全高于涨潮时的水位。过不了几个世纪，上升的海水就会慢慢淹没塔基，吞没一节又一节通往旧入口的青铜蹬梯。与此同时，海水也将漫过锡利群岛的低洼地带，淹没现存的田地和住所。

主教岩灯塔高 167 英尺，高过锡利群岛上最高的山（圣玛丽斯岛的电报山，高 157 英尺）。当上升的海平面完全吞没祖先留下的巨石，遥远的主教岩将成为最后一块屹立在海浪之上的石头。

法斯特耐特灯塔

一座关键的灯塔

建成于 1854 年和 1904 年

位于距爱尔兰西科克 8 英里处

突然之间，我听到有人大喊："Ditching!"意思是"我们要撞上了"，我在心里默默记住这句行话，并将它列在"airframe"和"whisks"的旁边，这两个词分别指"直升机"和"旋翼"。"撑住！撑住！撑住！"驾驶舱里传来声音。我一边哆嗦一边迅速下坠，入水的冲击把我从不合时宜的荒谬想法中拉回。我和边上的人撞在一起。我学着训练时的方法，用左手摸索着抓紧大的逃生把手，用右手固定住四个安全带的圆形扣。水涌进机舱，漫过我的膝盖，再漫过我的胸口。当水就要漫过我的喉咙时，我用尽全力深吸了一口气。飞机翻倒了，我们陷入了一片黑暗之中。我紧闭双眼，屏住呼吸。

我被绑在这架倾覆的直升机上，从未像此时这样茫然。水灌入我的鼻孔，深入我的鼻窦。但我必须回想培训的内容，按照学到的知识行动。幸运的是，我们下坠时，我已经冲向了窗户——我的逃生舱门，我在黑暗中感觉到它就在我的左手边。我无法展开我的压缩空气呼吸器，我感觉气囊顶着我的救生衣，渴望带我向上浮，逃离这变化的环境。我正要解开安全带时突然想起，如果没有一个可以逃生的开口，我就会因为浮力被困在机舱里。

我拉下逃生把手，窗户半开，我稍一使力就把它拍开了。与此同时，我的右手已经拧松了安全带的扣子。我实在太想逃出去，但我发现我的肩膀比窗户的开口宽了很多。虽然我已经把头伸出窗外，但我的救生衣却反复被机舱的内壁挂住。该死。我几乎喘不过气了。然后我才像傻瓜一样意识到，窗户开口的高度比宽度宽，所以我顺时针侧了90度，顺利逃生。救生衣里的空气扯着我浮向水面，我的肺吵着要补充新鲜空气。我扑打着双手浮出水面，展开救生衣，奋力游向救生筏。我爬出训练池时，教练拍拍我的肩膀说："身为作家，你表现得很镇定。"

爱尔兰，西科克，二月的凌晨。我头顶的旋翼像电影中那样一边嘎嘎作响，一边蓄力。我们穿着黄色的飞行服和救生衣，充满期待地系紧安全带，进入机舱。尼利笑了，戴夫举起手来，装作要祷告。旋翼的噪声越来越大，我们戴上有内置对讲功能的耳机。"伙计们，我们出发了。"飞行员话音未落，飞机就一晃，将我们从地面上拽起，缓缓上升，速度慢得惊人。我们就这样缓慢上升，升到1500英尺时，飞机突然带着我们往前冲去，机头微微下倾，旋翼向前倾斜。我们下方就是微缩的西科克，波光粼粼的大海出现在眼前。

这是鸟瞰视角下的大海。我们既没有悬在海面上，也不在云层之外，我们在欣赏海洋的常见高度滑翔。我们飞过众多小岛，我看到最后一片海滩从我们下方消失，我们跨过了海陆边界。

下方的海水十分活泼，不断翻腾，但我们飞行的速度太快，无法看清海浪的涨落。海面像一张蓝色的纸，被海风布满了白色的涂鸦。我们倾斜着向西飞去，法斯特耐特灯塔出现在右舷的窗户外。它是一座锯齿状的庞然大物，下方的礁石上凿出了一小节一小节台阶和一个个小平台。它就像一座露天的矿井。

礁石的中央，是 1854 年在这里建造的第一座灯塔，它的黑色塔基仍在经受着天气的洗礼。它曾是一座铸铁灯塔的一部分，那座灯塔因为在波涛汹涌的大海中不断发出异响而被废弃和拆除了。它的继任者傲然挺立在礁石靠近大西洋一侧，塔基深深融入礁石的底部。第二座法斯特耐特灯塔于 1904 年竣工，它是最后一座宏伟的岩石灯塔，在外形和细节上都无可挑剔。即使是从天空俯瞰，它也给人一种明显完美无缺的感觉。塔身分布着许多深绿色的防风百叶窗，塔顶上有一个白色的灯笼。它傲视着辽阔的大海，在它和美洲之间，除了微风和水，什么也没有。

从直升机的安全窗看到的灯塔画面，就像一张即将变成现实的照片。我们的飞机绕着灯塔画了一个圆，好像被一条看不见的线牵着。飞行员将飞机悬停在空中，问尼利是否可以着陆。下方一块混凝土场地上标记着褪了色的黄色"H"，提示这里就是着陆点。对飞行员而言，这个瞄准点小得可怕。此时的海浪只会影响礁石较低的部分，高度位于中点以下，可以安全着陆。所以尼利同意着陆。我们先朝大海飞了一小段，然后掉头，开始直线下降，飞行员在风中稳住飞机。我们接近灯塔之后，灯塔的细节突然清晰起来：海浪撞击礁石，水花飞溅，海鸥在躁动的热气流中嬉戏，平滑的停机坪闪闪发光。尽管风很猛烈，但飞行员着陆时非常平稳，只有落在滑道上时，飞机才稍有摇晃。飞行员待在机舱里，没有停下旋翼，准备在海面情况突然变差时迅速起飞。

尼利用力打开舱门，噪声突然涌入机舱，下面是咆哮的海浪，上面是嗡鸣的旋翼。我们小心翼翼地下了飞机，因为停机坪上没有护栏，塔顶的大风又在推搡着我们。大海向四面八方绵延数英里，远处是湛蓝的，破裂的礁石四周是乳白色的。尼利抓着我的手，把我从直升机旁带到老灯塔塔基背风处的一个隐蔽角落里。我们奇怪的像一对夫妇一样，手牵着手，艰难地逆风而行。只见那塔基像一个巨大的铁鼓，外层是干裂的黑色柏油。随后，他让我留在那里，自己注意安全，又折返回去，帮戴夫卸下装备。他们一起把行李、工具、燃料和水桶堆在我旁边。直升机机身喷着花哨的蓝色和橙色油漆，在原始礁石的映衬下显得格外怪异。当所有的东西都放好后，尼利竖起大拇指示意飞行员。飞行员启动直升机，伴随着回冲的气浪，优雅地驶向陆地。

我们必须争分夺秒，因为不久之后，直升机就会带着更多的物品返回。我们把带来的东西拖到直升机停机坪下面的堡垒里。这是一座结实的大型建筑，灯塔的柴油就存在这里。它看起来不像任何建筑，它的建成时间早于两座法斯特耐特灯塔。它最初建于 19 世纪 50 年代，那时它是建造第一座法斯特耐特灯塔的工人们的宿舍兼工厂。不知道这些简单的砖、铁和木结构为什么能得以留存，不过直升机停机坪的混凝土重量肯定发挥了作用。

我们穿的飞行服由橡胶制成，手腕、脚踝和颈部都被包裹得严严实实，防风效果良好。在等待直升机返回的过程中，我们四下转了转。法斯特耐特灯塔建在西南角，面向大西洋，这一侧的礁石最为坚固。对角线的另一端指向东北方，直升机停机坪和堡垒就在那里。这里的地形不同寻常：礁石的最高点在中间，高度在灯塔的三分之一处，与灯塔的第四层齐平。我们站在那里，太阳照在我们脸上，大风不遗余力地想把我们从礁石上推进海里。突然，戴夫指着天空叫起来。我起初什么也看不见，过了一会儿，才辨认出那个黑点是返回的直升机。

第二次卸货的时候，我仍然在后面待着。飞机彻底飞远之后，尼利抓住我的手，在海浪的咆哮中大喊："欢迎来到法斯特耐特灯塔！"我们把所有的装备都搬进堡垒，在那里休息了一会儿。

我们脱下飞行服挂在旧衣架上，走下台阶，穿过一条满是水洼的堤道，向灯塔走去。尼利举着一把大锤，侧身顶着风为我们带路。前方，绿色的青铜门用金色的门闩固定住，关得严严实实的。上一次开门还是在几个月前，这些门闩已经固定在插孔中，很难松动了。我们摆弄了一会儿挂锁，又用锤子敲了几下门闩，终于把它们打开。一扇门顺势往里倒去，发出"砰"的一声。尼利示意我们赶快行动。我们刚走进灯塔，一大朵浪花就从入口处飞溅而过。

我们走进的这部分可以称为门厅，尽管从来没有哪个门厅是这般模样。这是一间花岗岩石屋，窗户被遮蔽了，天花板上安装着荧光灯。一根铁柱从房间的中心穿过，一段铁制螺旋楼梯连接着一个房间，里面不断发出发电机的嗡响，像机关枪开火一样。裸露的花岗岩墙壁上安装着各种各样的工具：电缆轨道、蛇形管、钢制橱柜、保险丝盒、水泵和其他许多用途不明的东西。和普通房子的门厅一样，这里也随意堆放着一些物品：几件雨衣、几个护耳器、一把扫帚、一双破旧的鞋子、一把钢锯。房间里除了发动机的噪声之外，还有机器不断运作产生的气味。发电机的持续运转，使内部空气保持流动，所以这座灯塔的空气不像大多数封闭的灯塔那样难闻。

尼利做的第一件事，就是在石头地板上撬起一个铁井盖。下面是黑洞洞的空间，大小和我们所处的房间一样大，但是被一面墙隔开，墙两边分别架着梯子。他用手电筒朝洞口照进一道亮光，水在手电筒的灯光下颤动着，波光闪烁。"我们有水了。"他说，仿佛松了口气。我们所有的饮用水、烹饪用水和洗涤用水都在这个水箱里。我们还多运了几桶水来，以防这里的淡水供应不足，不过尼利似乎很满意，这里的水足够我们用上一周。上有持续轰鸣的发电机，下方有这个水箱，为我们摆脱陆地独立生活提供了保障。要想住在岩石灯塔里，必须确保生存必需品的供给。

我们没有直接登上灯塔。尼利决定，为安全起见，最好还是先回到堡垒，把我们的行李、食物、戴夫的工具和几桶水搬过来。尼利每次都走在最前头，时而会有浪花掠过，他就在门口拦住我们。他能读懂来自大西洋的涌浪，知道走过堤道的时机。在当时的我看来，那些海浪都是一样的。后来，尼利向我传授了一些这方面的知识。

我们的物品都被安全地堆放在灯塔的门厅里面了，不过都有些潮湿。然后，我们又爬上螺旋楼梯（一共有 7 段），把东西搬进厨房。一路往上，我们经过了亮铜色的房间，屋内是轰鸣的发动机；昏暗发霉的房间，里面的木床隐隐闪光；简朴的白色房间里闪烁着刻度盘和各种开关的亮光。然后，我们终于来到了位于倒数第二层的厨房。阳光透过墙上三扇间隔开来的窗户照射进来，一扇门通向灯塔上较低的那个阳台。我们打开门，一阵海风吹来，吹散了热金属、石油和铁混合的气味。灯塔的第八层，也就是灯笼下方的这间厨房，像家一样，各种设备一应俱全。除了洗碗机外，陆地上的所有大件家用电器这里都有，只不过它们都沿着墙排成弧形。中间放着一张圆桌，一根铁柱穿过房间中心，也就是我们在一层看到过的那根铁柱。房间里有接收 VHF 频段的收音机、蓝色绳圈、双筒望远镜、风速计和指南针，这些物品为这里赋予了航海特色。蓝色、白色和粉色的马赛克地板立即吸引了我的注意力：彩色的边框内是抽象的扇形辐射图案。地板是在灯塔建成时铺设的，没想到竟这么精美。就像看到贝尔灯塔上的"陌生人的房间"，以及豪博莱灯塔里的铸铁浮雕时一样，我又开始思考：在离海岸这么遥远的地方铺设这样奢华的地板，究竟是出于什么动机呢？

阳台的门指向东北方向的克利尔角岛，这是距离灯塔最近的陆地。我走到阳台上，用手紧紧抓住栏杆，这里离海面大约有 130 英尺。海上的西南风被我身后的灯塔挡住了，分成两股吹过来，又在我的耳边相遇。向下可以俯瞰老灯塔的塔基、直升机停机坪和礁石的全貌。海水在灯塔周围不断搅动、翻腾，偶有浪花跃出水面，化作团团喷溅的水花。正值晌午，灯塔长长的影子落在水面上，指向北方遥远的陆地。

在法斯特耐特灯塔上生活一周，是我一直想完成的一项挑战。据我估计，在这座塔上度过的五个晚上将教会我更多关于岩石灯塔的知识，比我从船的甲板上，从岬角的双筒望远镜里，从无论多么直截了当、事无巨细的档案或回忆中获取的知识都要多。我可以借此机会深入地了解深海灯塔的内部，这是一座可以与埃迪斯通灯塔、狼岩灯塔以及主教岩灯塔比肩的灯塔，我曾以不可小觑的方式看到过上述灯塔，却没有真正用身体接触过它们。最重要的是，我希望通过踏上守塔人的生活轨道，与生活在这些非凡建筑中的守塔人产生些许共鸣。

维护巡检定在二月底。我在爱尔兰灯塔委员会有联络人，他们知道我这一趟前往法斯特耐特灯塔的探访有着重要意义，便毫不犹豫地帮我预定了行程（我对此感激不尽）。但我必须接受行前的培训，并做好相应准备。我学会了在直升机坠入海中时该如何逃生，这是一项必备的技能，就算是作家也免不了要学。有点奇怪的是，我们的培训是在诺福克机场的一个场馆里进行的，场内共有 12 名领港公会的技术人员。这不仅是一次训练，更是一次发自内心的提醒，提醒我们，如今的灯塔工程师仍在面临着什么样的风险。

行前一周，我安排好了灯塔上的饮食，连最后一顿要吃的燕麦粥都计划好了。我把 5 天的餐食和我需要的其他东西一起装在一个大背包里带上灯塔。我作为自己的军需官，决定实行斯巴达式的用餐制度：早餐是咸粥，午餐是奶酪和饼干，晚餐是谷物、蔬菜和瘦肉。咖啡和巧克力是奢侈品。我斗志昂扬地把一本《尤利西斯》也放进包里，理由是我觉得非同寻常的环境可能会帮助我理解这本非同寻常的书。我在伦敦采购了所需的不易腐烂的食物，容易腐烂的食物全都留到在爱尔兰当地购买。这样的计划可以让我和守塔人保持步调一致，他们也必须自带所有的食物，并以这种军事化的制度安排他们的饮食。

在爱尔兰，直升机出发前一天晚上，我吃了行前最后一顿陆地上的晚餐：健力士黑啤酒、肥硕的扇贝和芦笋。然后，我怀着越来越强烈的恐惧，沿着码头走回我的住处。在这场奇妙的冒险临近之际，我突然胆怯起来。我不知道这一周会和谁在一起，会有多少人，他们对一个英国作家的态度会如何。我回忆起培训时当机身翻入水中的经历，神经更加紧张。

不过，是我多虑了。一早到达直升机停机坪时，我发现戴夫正在一间外屋做准备。装配工戴夫来自威克洛，三十多岁，留着海盗般的胡子，性情随和，这是个好兆头。他和他父亲一样，职业生涯的大部分时间都是在爱尔兰灯塔委员会当装配工。他一边抽着烟吞云吐雾，一边跟我讲述他的工作任务以及此次出行的原因。他这一趟是为了检修一台发电机，他要把发电机完全拆开，再用新的部件重新组装起来。这似乎是一项非常简单的任务，所以我问他为什么需要5天时间。他咧嘴笑着说："到时候你就明白了。"

一个橙色的风向袋在直升机停机坪上懒洋洋地晃动着。一名穿着海军工作服、戴着金色肩章的飞行员非常仔细地检查了直升机的每一处。这架直升机看上去十分现代化，而且很实用，令人安心。各种各样的人来来去去，组装大桶和集装箱，读取仪器数据，把我们的行李堆在称重台上。接着走来一名身材高大、肩膀宽阔、白发细密的海航员。他就是尼利。

他热情地握住我的手，似乎对我的体形感到开心。他解释说，体格必须要强健，因为到时需要频繁地抬东西和爬上爬下。他对我了解不多，一直在猜测我的体能（后来我了解到，以前的一些访客动作不够敏捷）。我们开玩笑，说我的姓听起来像希腊人，尼利还说他很高兴我的英语说得不错，因为接下来的一周内，我们会经常交流。

不过，现在可不是闲聊的时候。我们三个穿上飞行服，看了必备的安全短片，把装备放进直升机的后部。尼利把我拉到一边，告诉我在直升机停机坪上降落时该怎么做（最重要的就是不要挡道）。我很高兴能与他还有戴夫一起前往灯塔，他们都是踏实可靠、阅历丰富的人，和他们亲密接触似乎不会出问题。反观他们，似乎也乐于陪伴一个自然资源保护主义者。我们穿着飞行服一起登上了直升机，橙色的风向袋鼓舞人心地指向大海。

星期二早晨，我在几层楼下发动机沉闷的嗡嗡声中醒来。一束阳光斜射进防风百叶窗，照在我房间中央的铁柱上（因为只有三个人，所以我们每人都有自己的房间）。隆隆的浪涛声从灯塔下方传来，听上去很遥远。我伸手触摸弧面石墙，它不像栖木岩灯塔的墙那样凉，而是散发着余温。我心里想，这是一座有生命的建筑。我睡意未散地在床上多躺了一会儿，随后跳下床，在精致的马赛克地板上寻找我的鞋子。楼上窸窸窣窣的响声说明其他人已经起床了，我走上陡峭的螺旋梯子去找他们。

他们静静地坐在厨房的圆桌旁，那里光线充裕，大海的景色尽收眼底。我倒了一杯咖啡和一杯水，水的味道尝起来不赖，没有储存它的花岗岩水缸的味道。大家热络地吃过早餐，讨论起今天的安排。戴夫要着手拆卸发电机了，他看起来有点心事重重。我理解他。前一天晚上，他跟我描述了这项任务的艰巨程度：他要拆卸1000多个零部件，再将它们仔细排列好，用手机拍照，方便重装。在一个堆满了其他机器的圆形房间里干活，并不像听起来那么容易。零部件的尺寸大小不等，从最大的发动机缸体到最小的橡胶垫圈，全都上了油，滑得抓不住。缺了其中一块，这项任务就告吹了。我现在明白他为什么需要 5 天了。

"我们必须尽我们所能帮助他。"戴夫下楼开工之后，尼利说道。我赞成他的决定，并问他是否需要我帮忙打个下手。他解释说，通常他会好好打扫一下灯塔再开始工作，但他不确定让我帮忙是否妥当。"你没有义务这么做，汤姆。"他坚决地说。经过一番争论，我们决定一起打扫灯塔。我真正的动机是通过做家务活仔细观察，这是细致研究灯塔的好方法。我喝完咖啡，和尼利一起开始打扫。

现在大约是早上 10 点。我们开始打扫厨房上层的灯笼。灯笼非常壮观，在这样的好天气中更是令人惊叹：灯笼的层高是其他房间的 3 倍，四周几乎都是玻璃窗，巨大的菲涅耳透镜在里面缓慢旋转。透镜被固定在结构复杂的框架内，外围是四个牛眼透镜，光线通过同心玻璃棱镜以每个牛眼透镜为中心向外延展。这样的装置共有上下两层，所以两套装置共有八面。这是我见过的第一个还在原位工作的灯塔透镜。它被放置在汞池里，摩擦力很小，由一台功率为半匹马力（372 千瓦）的小引擎驱动，因此旋转起来很平顺。虽然整套装置重达 6 吨，但只要一根手指的力量，就能将它轻松转动。

我把灰尘扫成一堆，尼利把它们铲进垃圾袋。我们就这样找到了干活的节奏，很快就把灯笼打扫干净。然后，我们一层一层继续往下扫。灯塔里有很多细节值得欣赏，最引人注目的是马赛克地板，大多数楼层都铺设了这样的地板。尼利说，1904年，意大利的匠人被特意请到爱尔兰来铺设这些地砖。有一种说法是这样的，第一座法斯特耐特灯塔倒塌以后，委员会非常尴尬，所以决定无论付出什么代价，无论花费多少预算，都要将灯塔的里里外外打造得无可挑剔。

还有其他一些小细节不可忽略。比如我很喜欢楼梯上的铸铁踏板，以及踏板与地面连接处的精美做工。而尼利最喜欢灯塔里的青铜窗户。他在层与层之间楼梯平台上的一道窗户边停下脚步，向我解释窗户的结构设计。两扇铰链对开天窗向内打开，在中心会合，中心处的一根垂直旋转螺栓与窗框上的双头螺栓接合，确保窗户能抵御恶劣天气。窗户上方的石墙上有一条凹槽，窗户完全打开时，螺栓末端就会插入其中，这样的设计很贴心。窗户关闭的时候，两扇窗严丝合缝。尼利说，如果在这两扇窗之间放张纸，这张纸都能被整齐地切成两片。开关窗户的长方形把手末端是球形的，拿在手里非常贴合手掌，而且还有一个小巧的搭扣确保把手不乱晃。在被安装了一个多世纪以后，这些窗户仍能完美地发挥作用。

房间的顺序从上到下依次为：灯笼、厨房、服务室（被戴夫用作卧室）、第一间卧室（尼利的）、第二间卧室（我的）、浴室、上引擎室、下引擎室、入口。在嘈杂的下引擎室遇到戴夫时，我们已经清扫完七层了。灯塔里有三台发电机，一台在上引擎室（3号），两台在下引擎室（1号和2号）。绿色的发电机一头呈圆筒状，另一头呈方形，看上去像是卸下轮子的蒸汽小火车。管线从机器接到墙内。三台发电机中只有一台在运转，为塔内的所有设备以及导航灯供电，另外两台是发生故障时备用的。

这些发电机的用途很广。目前处于工作状态的 2 号发电机已经连续运行了大约 1 万个小时，所以戴夫决定切换到 1 号，让 2 号休息一下。他和尼利扯着嗓子讨论了一会儿后，小心翼翼地绕过发电机，移动到闪烁的接线总机旁。然后，他们互相示意，戴夫按下按钮。突然间，灯塔陷入黑暗和寂静。旁边摇曳不定的备用灯亮起。片刻之后，1 号发电机突然迅速旋转起来，灯塔又恢复了生机。

现在已经是中午。我们迎着清新的海风，坐在圆桌旁吃午餐，有面包、奶酪、洋葱和火腿。尽管其他人表示抗议，我还是坚持把餐具清洗干净了。水池在一扇窗户下面，从窗户往外看去，尽管除了一望无际的大西洋，什么也看不到，但有这样的景色，即使需要刷洗的餐具像宴会结束后一般堆积如山，我也有洗完的动力，甚至也是值得的。

之后，戴夫又回到楼下工作，我和尼利则登上明亮的灯笼。他拿着一个写字板在房间里踱来踱去，读着刻度盘和仪表的数据。与已经转换为靠太阳能和电力运转的豪博莱灯塔不同，法斯特耐特灯塔仍然处在柴油机和机械的时代。灯笼与下引擎室一样，也充斥着刺耳的嘈杂声。这些噪声来自现代的管道、电缆、钢制操作柜，以及其他实现灯塔自动化操作所必需的技术设备。这些设备穿过墙壁和天花板，虽然在安装时已经极尽谨慎，但它们还是布满了房间的墙面，改变了房间本来的面貌。

不过我们都清楚，这堆杂物的设计初衷，就是承担三位守塔人的工作。在法斯特耐特灯塔还有人看守、还未改变时，它还是一台简单而优雅的机器。透镜由被固定在灯塔铁柱上的齿轮装置带动，重物被系在铁柱的链条上上下移动，带动齿轮装置。守塔人不断将链条缠绕上，再解开，在黄昏时点燃煤油灯，在黎明时再将它们熄灭。他们记录天气并监视灯塔的状态，他们靠自己的判断和积极行动处理各种问题和紧急情况。如今，这一切都被机器代替了。我突然想到，用大量装置和检修工作取代三位守塔人，这恰恰说明了人的设计是多么精确。

日光渐尽，天气开始变化。厨房里，收音机沙沙作响，播报着瓦伦蒂亚海岸警卫队发来的小艇警报和大风警报。警报称，8级大风已经在海面形成，预计将产生大浪。我们吃晚饭时，塔壁四周的风声越来越响。劳累一天之后，我们都很早就休息了。我试着翻了翻《尤利西斯》，但读不下去，所以把它安全地放进我的背包底部。接下来的几天里，它都会待在这里。尼利答应我，如果明天海水退下去了，就带我去岩石周围转转，好好欣赏灯塔的外观。灯塔内部的卧室给人一种堡垒的感觉，灯塔被巨大的花岗岩壁包围着，就像一座圆形的城堡。但我关灯闭眼不久，就听到不祥的撞击声，盖过了发电机的轰鸣声。这是海浪在拍打灯塔。我发誓，我感觉自己抖了抖。

法斯特耐特位于爱尔兰南端正南方向的水域中，占据关键的导航位置。这是从爱尔兰移居美国的人乘船驶离东部海港时，看到的最后一样东西。他们为它留下一个名字：爱尔兰的眼泪。相反，那些从美国前往爱尔兰和英国的人到达这里时，心情就要乐观多了，因为这是他们跨过茫茫大海后看见的第一个东西。现在，这块礁石就像一台分离机，在每年由劳力士赞助的游艇赛上，游艇从考斯起航，绕过法斯特耐特礁石再返航，驶过各种激动人心的海浪。

此前，这条重要航道一直没有航标。直到 1818 年，在内陆和法斯特耐特礁石之间的克利尔角岛南部的海岸上，才建起了一座陆地灯塔。人们后来发现，这个选址糟糕透了。一个雾蒙蒙的早晨，我站在法斯特耐特灯塔的阳台上，发现克利尔角岛的上段和岛上的灯塔完全被雾笼罩了，根本看不见，这会造成灾难性的后果。1847 年 11 月一个朦胧的夜晚，美国邮轮"斯蒂芬惠特尼号"在克鲁克港附近失事。浓雾遮住了克利尔角岛的灯光，使船长误判位置，直接撞向海岸。船上 110 人中只有 18 人幸存。几天后，《科克宪法报》报道说：

> 我们的海岸发生了可怕的灾难。92 位同胞匆匆与我们永别。这场灾难让翘首企盼他们归来的朋友们陷入悲痛之中。自从"基拉尼号"失事以来，爱尔兰海岸上再也没有发生过如此令人悲痛的事情。这艘船是方便利物浦和纽约两地交流沟通的著名邮轮之一……

因此，法斯特耐特礁石是一个理想得多的灯塔选址。它比克利尔角离海岸远 4 英里，当时还未被标记。为避免"斯蒂芬惠特尼号"的悲剧重演，爱尔兰灯塔委员会从 1848 年开始，共用了六年时间，在这里建造了一座灯塔。1854 年 1 月 1 日，这座灯塔首次亮起灯光。这是一座铸铁灯塔，由小乔治·哈尔平设计，他是豪博莱灯塔的设计者老乔治·哈尔平的儿子。小乔治·哈尔平和他父亲一样，留下的信息也很少；第一座法斯特耐特灯塔也和豪博莱灯塔一样，它的建造细节鲜为人知。这座灯塔的构造很奇特。三层楼高的铁塔只包含燃料库和灯本身，守塔人的生活区从灯塔的底部往外伸出，是一座狭窄的长方形单层建筑。

这座建筑太不牢固。尽管人们曾在19世纪60年代用更多的铸铁将其加固过，但委员会知道这座灯塔无法坚持太久。它在恶劣的天气里摇晃得太厉害。1881年，卡夫礁石上一座相同结构的灯塔已经倒塌。当初他们为何会认为铸铁灯塔足以应付这样的环境？这着实是个谜，尤其考虑到第一座主教岩铸铁灯塔就是在相同环境中被摧毁的。因此，19世纪90年代，委员会宣告放弃第一座法斯特耐特灯塔，并计划建造一座新的花岗岩灯塔，要像当时在狼岩、埃迪斯通礁石和主教岩上建成的灯塔一样。

1878年，詹姆斯的兄弟威廉·道格拉斯被任命为委员会的工程师。他曾经参与建造了哈诺伊斯灯塔、狼岩灯塔和位于斯里兰卡海岸外的大巴塞斯灯塔，他将自己从这些项目中收获的经验，加以提炼，设计出了卓越的第二座法斯特耐特灯塔。窗户和其他结构表明，这座建筑的每一寸都经过了精心的处理。

在那时，前人惨痛的教训和各种各样的成功经验，已经使岩石灯塔的建造变得更为科学。法斯特耐特灯塔的成型，借鉴了之前所有的经验和教训：用最上等的康沃尔花岗岩打造的渐窄型塔身、用来击碎波浪的阶梯式塔基、横纵双向砖石榫卯结构、弧面外墙上安装的青铜防风百叶窗、尽可能增加塔身重量的青铜装饰、蒸汽驱动的施工设备（放在定制的"艾琳号"上），以及射程为27

海里的一级菲涅耳透镜。事实上，"一级"这个词很少能被如此贴切地用于描述一座建筑的设施。

星期三早上，我和尼利打开青铜大门，冒险走上堤道。他按承诺带我参观礁石。我们有几个小时的时间探索礁石，之后海上便会掀起汹涌的海浪，不利于安全。他这里走走，那里转转，往礁石里张望，像个岛主一样检查礁石的表面。空气阴沉，浓雾中的能见度极低，地平线已被完全遮住，我们身处的礁石看起来像一座偏僻隐蔽的小岛。

严格地说，这块危险的礁石由两部分组成："大"法斯特耐特和"小"法斯特耐特。两部分由一条小水道隔开，但下方其实连在同一块露头上。它由志留系[1]下统时代的硬板岩组成，大约有4.3亿年的历史。我们在灯塔和直升机停机坪所在的"大"法斯特耐特闲逛，尼利指给我看礁石被强劲的海浪劈裂、折断和拍碎的地方。直观地感受海洋的力量真让人毛骨悚然。在一场风暴中，一股特别强劲的海浪沿着礁石的纹理切割下一大块石头，将其抛到直升机停机坪上，停机坪被砸出一个大坑。他指给我看堤道附近一道很长的裂缝，和他上次过来时相比，这道裂缝已经变宽了。整个礁石上，这些未经加工的粗犷纹理与法斯特耐特的工人们打造得更为规整的表面和台阶形成了鲜明的对比。大部分的成果得到了保留：堤道、码头、用来卸货的铁井架（已经生锈解体）以及用来运输石块的电车铁轨。

最终建起的灯塔雄踞在这些已经没用的东西上方。法斯特耐

1　志留系：是志留纪时期形成的地层，现分为下、中、上、顶四个统。

特灯塔是最大的岩石灯塔，高 177 英尺（比主教岩灯塔高 10 英尺），底部宽 52 英尺（比贝尔灯塔宽 10 英尺）。灯塔的每一块石头都经过精准雕刻，并被精确地安装上。两块石头的接缝处几乎没有风雨侵蚀的迹象。青铜装饰和砖石结构的每处衔接看上去都堪称完美。除了少量的铁锈和浪痕污渍外，这座塔完好无损。它不仅是巧夺天工的设计方案，还是完美无缺的建筑作品。

在我们研究灯塔的细节时，尼利告诉我，这座完美的灯塔其实很大程度上归功于另一个人，而非道格拉斯。在有关法斯特耐特灯塔施工过程的照片中，经常出现这样一个人：他身材魁梧，留着小胡子，穿着亮白色外套，像一名科学家，正在向工人比画着什么，威严地监督着工程进展。

他就是詹姆斯·卡瓦纳，是来自爱尔兰威克洛的石匠大师，也是法斯特耐特灯塔项目的工头。他是一个非常专一的人，有点像早期的凯尔特基督教徒。那些教徒曾在苏格兰和爱尔兰周围偏远的岛屿上建造隐居所（其中一个是建于公元 7 世纪的斯凯利格·迈克尔隐居所，距离凯里郡附近的法斯特耐特灯塔不远）。这不是因为他本身极为虔诚，而是因为他的生活方式与隐士类似。在这块无情的礁石上，他就像一名看守自己的狱警。

卡瓦纳坚持亲自固定灯塔上每一块需要与其他石料咬合的石料，从大块的地基石到顶部精致的檐口石。其他人把石料拉升到日渐升高的塔顶，他则亲自动手，确保每一块石头都安装到位。他有一种近乎狂热的献身精神，想把灯塔建得尽善尽美。从 1896 年到 1903 年，他和工人一同住在狭小的宿舍里，拒绝在施工期间上岸，工人们倒是很理智，会在两次轮值间定期回家。而只有到了冬季停止作业之后，卡瓦纳才会与礁石分开。

在直升机停机坪下的柴油库里，尼利撬起地板上的一道活板门，我们往下走进好几个从黏土板岩里凿出的地下室。光线透过墙壁上的小玻璃块照进来，隐约可以看出这里的空间是由砖块、木材和铁梁等材料建成的。这些房间建于 19 世纪 90 年代，曾经是法斯特耐特灯塔工人的宿舍和储藏间。我对尼利说，它们竟然没有被冲毁，这太令人惊讶了。尼利闻言耸了耸肩。我们在一个房间的角落里停下来。他指了指一堵毫无特色的、黏糊糊的墙，几根木头抵在墙上。借着手电筒的光，我看到了一扇已经用砖堵住的门。他神情严肃地说，这曾是卡瓦纳的休息室。

卡瓦纳对待工人虽然严格，但很公平。清晨，他让工人用棉签拭去宿舍里的虱子和细菌，接着从早餐后一直工作到黄昏。他自己也全身心地投入到工作中，和工人一起直面各种危险，唯一可以体现阶层差异的，就是这个现在已经被封死的小房间。他偶尔会在这里小憩。

我们很难理解究竟是什么在驱使着他。仅仅是工作圆满完成时的满足感，还是有别的原因？当然，与住在威克洛的妻儿分隔两地，这么些年只在冬季停工时才能回家一趟，他一定为此付出了许多。有可能他想借助一个浩大的工程出名？但那时他在事业上已经颇有建树，是当时公认的石匠大师。或者，卡瓦纳起初也像他人一样对待这份工作，但慢慢地，法斯特耐特灯塔的氛围，以及这项工程冒险的重要意义开始影响他？也或许，他渐渐地把那些不寻常的、相互咬合的砖石块当作一幅无论付出什么代价都要组装成功的拼图？

20. 詹姆斯·卡瓦纳（偏左侧穿白衣）正在建造法斯特耐特灯塔，约1902年

但是，照片上的卡瓦纳并不像个疯子。相反，照片和工人的描述都表明，他严厉但亲切，很有感召力，身先士卒地以轻快的方式应对这项重大的任务。你几乎可以听到他和工人围坐在一起插科打诨，在工人犯错时痛斥指责，在工人成功时给予表扬。

1903 年 6 月 3 日，卡瓦纳装上了最后一块石头，这一年他 47 岁。七年的清苦生活已让他积劳成疾，不久之后他就病倒了，被送上岸。令人悲痛的是，一个月后，在结婚纪念日那天，他中风去世，留下妻子一人带着八个孩子，最小的还不到 1 岁。"艾琳号"降半旗，将他的遗体送到威克洛。4 名海岸警卫队队员抬着他的棺材穿过码头和街道，棺材上盖着国旗。1000 多人一起送这位伟人回家。

尼利说，天气开始变了，是时候回去了。雾气很快散开，风速加快。海浪威胁着要漫过堤道，我们急匆匆地返回安全的室内，探测礁石暂告一段落。

在爬上灯塔去阳台的途中，我们在上引擎室停下，看看戴夫的工作进展。他穿着一套白色的连体工作服，蹲在拆了一半的发电机旁，好像在和它较劲。眼前的场景着实令人生畏。在他身旁一张临时搭建的大桌子上，成百上千个零件整齐地排成几排，用记号笔作了标记。和卡瓦纳一样，他也有自己的拼图要组装，尽管规模全然不同。下方的另一台发电机轰鸣不断，所以他并没有注意到我们。我们也没有打扰全神贯注的他。

我们往上走到厨房，尼利从墙上取下他的风速计，教我如何在阳台上测量风速。现在的风速为 42 节，相当于蒲福风级 9 级。这个强度听起来让人吃惊，但是尼利对此似乎丝毫不在意。他担任守塔人期间，见过更强的风和更高的浪。不过，我在灯塔的这段时间里，风速很少低于 8 级，这样的强度在风速记录中被写作"基本上阻碍出行"。在大多数时间里，我们被强风滞留在塔里打转，或像以前转动透镜的齿轮装置一样上下走动。

周四吃午餐时，我们收到消息说，回程的时间从周五改到了周六。根据天气预报，周五的风力似乎太强，直升机无法安全着陆，而这架直升机能够安全飞行的风速最高可达 50 节。尼利和戴夫安之若素，似乎料到了这种情况，但他们并不高兴。虽然和从前只能靠救济船和绳索往返的时代比，现在往返灯塔的方式已经得到极大改善，但出发和回程的时间仍然无法得到保障。我突然感觉到了与守塔人的共鸣，以前对这一行将信将疑的一切事情，现在似乎也清晰起来。这种极富魅力的流放中夹杂着些许对回家的渴望和对好天气的向往。而且，由于返程时间只能提前半小时左右得到确认，所以在接下来的时间里，我们将一直处于慢热煎熬之中。

没关系。我们谈到，多出来的这一天对戴夫而言像一份礼物，他可以利用这一天深度测试重装过的发电机。我们吃完午餐（前一天晚上剩下的辣椒）之后，我问他进展如何。"汤姆，"他谨慎地说，"等我按下按钮，发电机开始运转，我就知道结果如何了。"对他来说，独自承担这项责任似乎是一项艰巨的任务，不管出现什么问题，他都没有技术后援。但他在压力下很镇定，又回到下面继续工作了。

我在灯笼里消磨时间。我们逗留期间的某个时刻，尼利曾发现一块窗玻璃上有一条裂缝。所以那天早上，我们搬了一块风筝形的替换玻璃在那里，等工人来安装。尽管现在阳光明媚，海水却涨得很高。尼利教我如何分辨大西洋的涌浪。它们从海上成排涌来，有时分成几排，有时合成一排，每四阵海浪中就有一阵比其他的都更高更强。他据此就可以判断在礁石和堤道上安全活动的时间。他已经内化了对海浪的理解，这是他一辈子仔细观察海面得来的经验。

尼利是在西科克米森半岛的一个沿海农场里长大的，天气晴好时，从法斯特耐特灯塔望去，可以很轻易地看到那个农场。在换了许多工作之后，他加入了爱尔兰灯塔服务业，担任沿海工匠，负责修理和重新装修爱尔兰各地的灯塔。与戴夫经常被派往各处维修灯塔一样，尼利的这份工作也需要经常出差。晚上，两人常常聊起自己在遥远的爱尔兰岬角上工作时见到的奇异景色和惊险故事。比如，四个人在沙滩上解救一只被铁丝网困住的愤怒海豹；再比如，数千只迁徙的塘鹅像兰开斯特轰炸机一样从天上投下粪便，他们赶紧寻找遮蔽物。更奇怪的是，有一年春天，许多兔子钻进油漆库，染了一身粉红色颜料，有位男子看到田野里一群粉红色兔子在嬉戏玩闹，还以为自己出现了幻觉。他们的同事中也有一些怪人，比如有一个在当班时只吃油焖猪蹄，下班后只喝波尔图葡萄酒。

他们称这种生活为"海岸生活"。这种生活方式伴随着沉甸甸的责任：照看国家的灯塔，保障它们毫无故障地运转，但是它们偏远的地理位置又意味着守塔人难以向总部求助。灯塔的导航功能关系重大，即使是最小的工作环节，也几乎没有允许出错的余地。但守塔人强大的自主能力和塔上简单而又特殊的工作方式，降低了出错的可能。这是如今我们大多数人都缺乏的，这是在极端环境中工作的特权，经受大自然的历练，在石头、水和空气的环保中操纵机器、更换零件。他们的工作极富吸引力，因为这种机械的、需要人工操作的工作已经逐渐淡出了大多数人的视野。在"海岸"工作似乎比任何一份办公室工作都更丰富、更朴实，当我和他们谈起我的工作时，他们两个人都做了个鬼脸。

我和尼利在灯笼里扫描地平线，寻找船只。到目前为止，除了地平线上几艘油轮的影子外，我在这里并没有看见过多少船只。现在海面翻腾，只有大型船只才能航行。但是，我们发现一艘亮红色的拖网渔船正在奋力转向左舷。尽管它移动缓慢，看上去却有催眠效果。它在涌浪中摇摆沉浮，大浪从船尾升起，不断将其往前推。在大海里，它看起来渺小得要命。尽管我们看不见这艘船的名字，尼利却觉得他认识这艘船，是从巴尔的摩来的，那是他家附近的一个小港口。他说他相信它能掉转过来，但他的声音里透出一丝担心。我一直盯着这艘船，直到它在我的视线中消失。

尼利强调说，轻视大海是很危险的。他告诉我，他的妻子杰姬是当地救生艇的舵手，她目睹过大海能造成什么样的灾难，船只是如何轻易陷入困境的。也许我们现在已经不太了解海难，因为船上的电子仪器会把我们顺利带到目的地，再将我们顺利带回。尼利认为我们被安全措施保护得太好，想当然地认为出海就该是这么顺利。在他们当地港口附近的酒吧里，过去常有业余游艇驾驶员穿戴着崭新的航海装备，扬扬自得地走进来，轻率地宣称自己是征服了大海的人。这种轻浮的举动打扰到了酒吧常客，酒吧不得不竖起标语来阻止他们进入。在经验丰富的人看来，失去对海洋的恐惧，将使你处于更大的危险之中。尼利曾经在拖网渔船上待过一段时间，他告诉我说没几个渔民会游泳。他说："他们何必费心学游泳呢？他们知道在冰冷汹涌的大西洋上生还的机会微乎其微。他们的世界以拖网渔船的舷缘为界，任何情况下都不越界。"

说完，他拍了拍我的肩膀，走下楼梯去帮助戴夫。我背靠着灯笼支架之间的梯子坐着，眺望大西洋，巨大的透镜静静地在我身边转动。一队海鸥围着灯塔盘旋。在它们自己的地盘上，我发现它们是一种美丽的生物。此刻，它们静静地悬停在上升的热气流上，与它们在海港边尖声大叫、偷吃食物的恶劣形象大相径庭。

　　时间还充裕，我从低层阳台和灯笼俯瞰大海，研究大海，真正地观察大海，看它以一种我们在岸上看不见的方式运动。它反复不停地拍上礁石，由此反映出礁石在水面下的地质情况。在大西洋西南方向的航道上，海水在某处暗礁上迸裂，形成一道长直的浪花，像一只巨兽覆满鳞片的脖子。随后，它跌落在附近一块较小的礁石上，仿佛化成一朵造型完美的白云，每次的尺寸和形状都一模一样。海水吞没小法斯特耐特，部分快速倒流，部分渗入礁石上的千百条裂缝里。在未来的几个世纪里，这些裂缝将慢慢扩大。在这里，你可以感受到大海的永恒，它涨潮又退潮、涌动又平息，以各种方式浸没、冲刷、击打着礁石。这一场懒洋洋的、野兽般的运动，永远不会停止。

　　大海让我领悟到，如果岩石灯塔的使命走到了尽头，至少它们还有另一个用途。这项用途是显而易见的，我怎么会现在才想到？简言之，灯塔就是观察海洋的最佳观测台。

　　星期四下午晚些时候，戴夫拼完了他的“拼图”。我正在阳台上看鼠海豚，尼利告诉我说，他们要测试重装的发电机，会暂时切断电源。我决定不下楼去看这一过程，因为我估计，对戴夫来说，即使没有观众，揭晓结果的那一刻都已经够他紧张了。

　　他们吼叫般的对话夹杂着难以辨认的噪声从灯塔底部传来。我坐在厨房的圆桌旁等着。突然，房里的电源断了，冰箱停止嗡鸣，灯光熄灭。外面的天气灰蒙蒙的，从窗户透进来的光几乎无法照亮昏暗的厨房。时间一分一秒地过去。我剥了一颗砂糖橘，开始为戴夫担心。他是不是把"拼图"的一小块拼错地方了？机器是不是拒绝配合？平常嘈杂的灯塔突然变得安静下来，我不太适应这样的变化，用手指敲敲桌面，又起身绕着厨房踱步，摆弄我的望远镜和笔记本。

但不久，灯塔里的寂静就被引擎的轰鸣声打破，灯塔重新迸发出生机。电灯突然亮起，手机恢复充电，所有的电器都悄然醒来，电流顺着灯塔的电缆悄悄涌入这些电器，就好像树木的养分从底部向上爬升一样。戴夫和尼利兴高采烈地上楼来，宣布这次出行大获成功。我很荣幸能和他们在一起。大家都想喝点威士忌庆祝，但谁都没有说出口。

法斯特耐特灯塔是最后建成的大型岩石灯塔。1904 年完工时，英国和爱尔兰周围被认为需要用岩石灯塔标记的所有危险都被标记了出来。考虑到建造灯塔时令人生畏的物流问题，这些人工建造的花岗岩灯塔的建造成本都相当高。而其他建筑材料又都命运多舛，其中最著名的，就是第一座主教岩灯塔和最初的法斯特耐特灯塔所用的铸铁。这两座灯塔的结局表明：花岗岩是那个时期最可靠、最好用的材料。

随着时间的推移和技术的发展，新的方法层出不穷。如今，将助航设备建在没有岩石可供建造的位置上已经成为可能。人们使用起更新、更便宜的材料时也更有把握。1918 年，人们在陆地上建造好一座矮胖的鼓形混凝土灯塔，随后将它拖运到英吉利海峡的纳布礁石上，以取代纳布灯船。20 世纪 60 年代，在爱尔兰海基什沙洲为潜水员准备的水下平台上，一座混凝土灯塔取代了基什灯船。20 世纪 70 年代，在英吉利海峡建造的皇家主权灯塔平台也利用了类似的方法。

这些后来建成的离岸灯塔都是巧妙的工程，但它们缺少岩石灯塔的魅力。我不会将它们与岩石灯塔归为一类。这些灯塔是由机器建造的，在设计上考虑了实用性，在外观上各不相同。它们缺少像法斯特耐特灯塔这样真正的岩石灯塔具有的精湛工艺，缺乏像詹姆斯·卡瓦纳这样的人建造灯塔时所付出的艰苦努力，它们还缺乏在比我们落后的时代取得如此惊人成就的神奇品质。从1811 年的贝尔灯塔到1904 年的法斯特耐特灯塔，这一系列的花岗岩灯塔是灯塔的典范。这些恢宏的花岗岩灯塔是所有灯塔中最真实的灯塔。

星期五是我们在法斯特耐特灯塔的最后一天。我在各个房间里转悠，拍摄视频和照片，明天一早我们就要启程，我要趁着还没离开这里，尽可能再多看几眼这座灯塔。我们开始打扫在这里留下的痕迹，使灯塔恢复到无人居住的状态。做完这些以后，我和尼利瘫坐在厨房的桌子旁，开始倒计时，戴夫则回到楼下去反复检查发电机的情况。

我们谈到了法斯特耐特灯塔的未来。法斯特耐特灯塔是最后建成的，也是建得最好的灯塔，同时它也是最后几座仍在使用柴油的机械灯塔。尼利认为这里不久就将转用太阳能。如此一来，就要拆除灯塔里的发电机，移除内墙上数英里长的电缆和管道，灯塔漂亮的外观也会受到太阳能电池板的破坏。

用一种形式的光为另一种形式的光提供燃料是一个好主意，但太阳能运转灯塔的过程大部分是看不见的，也是感觉不到的。我之所以会被法斯特耐特灯塔里的发电机、管道和电缆打动，是因为它们给了灯塔一个可见的形象，使它成为一种处在工作状态中的物体。此外，数英里长的铜管经过巧妙仔细的排布，丝毫没有破坏马赛克地板等灯塔最初的特色。它们现在看起来就是建筑的一部分，是建筑本身的一个表层，而不是一层粗糙的覆盖物。如果最初的齿轮发条代表了灯塔生命的第一阶段，那么这些机械管线就代表了第二阶段，这是灯塔故事的重要篇章，不该被抹去。在豪博莱灯塔上，几乎所有机械阶段的痕迹都被抹去了，我因此无法很好地了解它的历史。岩石灯塔不是静态不变的建筑工程，它们也像陆地建筑一样，有着不同阶段的发展史。从这个意义上说，它们的寿命只有在它们停止运转时才会结束。

令我转悲为喜的是，我发现灯塔的管线大部分是戴夫的父亲在 20 世纪 70 年代安装的。与戴夫和尼利在法斯特耐特灯塔里共度的五个日夜证明，岩石灯塔的故事并没有随着守塔人的撤离和灯塔向自动化操作的转变而结束。尼利、戴夫和其他像他们这样的人的工作，延续了对灯塔的关注、照料和维护，尽管和曾经守塔人的日常管理相比，现在的工作更不显眼，频率也更低。20 世纪 80 年代至 90 年代，新的自动化灯塔已经"无人值守"，今天在灯塔上继续进行的工作，也不再需要人去处理。

1989 年 3 月，法斯特耐特灯塔实现自动化，尼利被任命为它的看护人。在某种意义上，他的角色取代了守塔人一职。他告诉我们，最后一批守塔人都无法相信没有他们灯塔也能正常运作这个事实。在最后一天晚上，即使确信他们会在最后一刻被解放，即使灯塔已经实现自动化，他们仍然留在灯塔里履行自己的职责，照看灯光，守夜值班。在詹姆斯·莫里西关于法斯特耐特灯塔的书中，他回忆起最后一名首席守塔人迪克·奥德里斯科尔一段令人难以忘怀的话：一旦守塔人永远地离开了这里，法斯特耐特灯塔这个名字的意思就变回了原来它在盖尔语中的意思——一块孤零零的岩石。

星期五晚上，我躺在床上，意识到我的旅途在此处结束正好。从贝尔灯塔到主教岩灯塔，每座岩石灯塔都有不同的名号：它们是先驱，是纪念碑，是神话，是废墟，是家园，是遥远的巨石。建筑物被人赋予了身份和意义，所以我们才会注意到，矗立在边缘地带、人迹罕至的岩石灯塔竟也有这样生动的特征。但也许正是通过法斯特耐特灯塔，我才发现了岩石灯塔的本质。无论它们的外在表象如何，这些岩石灯塔都有自己独特的内部生活。它们不是一成不变的，它们也会成长，也会改变，以此适应我们对它们的各种要求。最值得注意的是，它们在极为恶劣的天气条件下茁壮成长，这是任何其他类型的建筑都无从体验到的。从这一点看，岩石灯塔并肩而立，并不孤单。

后 记

为了所有人的安全

——爱尔兰灯塔委员会格言

临近午夜，我和妻子在加里森山上，坐在老星堡墙下的一张长凳上面。晚饭后，我们决定穿过圣玛丽斯岛安静的街道，散步到这里欣赏主教岩灯塔夜里的灯光。在来的路上，空旷的街道上清晰地响起我们的脚步声，空旷的海滩上海水轻轻荡漾。现在还没到把酒喝光的时间[1]，唯一的人气就是从酒吧窗户透出来的橙色灯光。我们时不时拿起锡蜡小扁酒瓶喝一小口酒，就是几天前带去主教岩的那瓶，那天甲板上太热了，所以酒并未开封。

锡利群岛的夜间能见度极好。岛上的居民不多，这里也没有光污染影响夜空，因此星光能够畅通无阻地洒向地面。我们坐在长凳上，仰头欣赏夜空中的星星。今晚猎户腰带格外明亮，我们还看到了北斗七星和其他一些星星。身为伦敦人，我们对自己的判断并不自信，因为在伦敦，污染物像紫色的面纱一样罩住了夜空，我们很少有机会观察星星。而在这里，它们在头顶上闪烁着耀眼而陌生的光芒。

我们低头看向漆黑的地平线，想起我们出现在这里的原因。前方漆黑一片，所以我不能确定具体的方位，但我感觉我们大概

---

1 指允许人们在酒吧喝完酒，但不能再买酒的时间。

面朝西南方向，前方大概是西部礁石和主教岩。出乎意料的是，一组其他灯光照射到海面上。灯光闪烁很快，彼此间不同步，组合起来没有形成有节奏的闪光，反而令人眼花缭乱。"这是什么？"乔萨低声问，我诚实地告诉她我也不知道。我突然意识到，我还没有为这次夜游做好充分的准备，因为我对主教岩灯塔特点的研究还不到位，我不知道怎么识别它的灯光。

直觉告诉我，主教岩灯塔的灯光并不在我们刚才看到的灯光之中。这些灯光有着现代 LED 灯特有的刺眼和单调，我怀疑它们是后来建的浮标和标杆发出的光，是用来标记圣玛丽斯岛和圣阿格尼丝岛之间航道的危险地带的。LED 灯非常适合用在这种导航辅助设备上，因为它们经久耐用，几乎不需要维护，而且亮度很强（这也是路灯经常选用 LED 灯的原因）。然而，它们缺乏老式光源（比如岩石灯塔的棱镜和灯丝）的深度。

但是，在我们观赏另一组光时，我们发现了一组有别于其他光线的光。两道白光快速交替，接着是一段时间的黑暗。虽然我称之为白色，但实际的颜色更暖，偏黄。它没有如星星的钻石般光亮，也不像 LED 灯那样刺眼。每一束光都迅速增强又减弱，仿佛从远方投掷而来。这一定是主教岩灯塔的光。

我们瞪大眼睛盯着灯塔的光，竭力忽略在它前面不停跳动的 LED 灯光。过了一会儿，主教岩灯塔的两束白光又出现了。这两束光似乎印在了我的视网膜上，留下一条褪色的黄色通道，比它前景中的 LED 灯光留下的印记持久得多。这是一种更值得尊敬的光，它的射程和力量都令人敬畏。

在远处主教岩灯塔的灯笼里，旋转的透镜捕捉光线，并将其转变为闪光，射向我们。灯塔采用的是最初的透镜系统，是世界上最好的透镜系统之一，它的发光强度达到 6 万坎德拉，射程达 20 海里。主教岩灯塔的灯光透过老旧的玻璃，被镀上一层美丽的金色。

我们钦佩这种特质，与在它旁边闪烁的现代灯光相比较，它更值得钦佩。我想起前几天探访主教岩灯塔的经历，即使是近距离观察，它也像巨石柱一样神秘。现在，从黑暗中向远处看去，它反倒给人一种奇怪的可知感。看到它的灯光就像看到了它的脉搏，看到了它充满活力的灵魂。我感觉这座灯塔终于开始与人交流了。每隔 15 秒，古老的灯塔就会射出两道白光，果断地穿透后来诞生的 LED 灯光。

我们想到了灯塔的未来。似乎没有人知道岩石灯塔的故事将会如何发展，也没有人会考虑到，有一天，这些灯塔的助航功能可能会变得多余。或许这是感情用事，就像人们会拒绝面对所爱之人的离世一样。但技术正在以令人难以理解的速度发展。我们现在无法想象有一天灯塔会停止运作，因为它们带给我们一种永恒感，但我们也曾经认为无人操作和自动化是无法想象的。

不过，至少目前，英国的海域仍有足够的航运确保灯塔继续运作。船长詹姆斯和戴夫都告诉过我，他们会借灯塔导航。或许，为他们护航的，是灯塔提供的那份安心。无论是白天站立着的灯塔，还是夜里闪着光的灯塔，岩石灯塔一直都是一道最后的防护。卫星导航的确非常有效，但它不是万无一失的，它易受网络攻击，甚至还有可能受到太空垃圾的袭击。岩石灯塔虽然会因为风暴而摇晃，但它们一直是一个固定的点，警示着大海中的危险。

乔萨把酒瓶递给我，我灌了一大口。然后，我把目光从主教岩转移到酒瓶上，仔细观察。酒瓶大体是圆形的，除了瓶颈和盖子以外的边缘都光滑圆润，与手掌非常贴合，握在手中很舒适。月光在抛光的锡蜡上闪烁。这个瓶子让我意识到，我走了一场环游世界的旅程。我在四处寻找环形的踪迹：在灯塔的平面图中，在透镜的设计和运动中，在灯光的形状中，甚至在守塔人被时钟安排好的行程中。

圆圈没有起点也没有终点，意味着无尽的循环。从史前时期开始，圆圈就已经在影响着建造土垒等建筑结构的建筑师。各种古老的石阵点缀着英国的风景。铁器时代晚期留存下的圆形石塔至今仍屹立在一个引人注目的高度上，这种石塔似乎既可用于住人也可用于防守。后来，到了中世纪，爱尔兰的教堂和修道院附近建起了五十多座圆形石塔。关于这些石塔的建造目的有各种各样的说法，但被普遍接受的说法是，这些石塔被用作钟楼或是战争时期的避难所。将圆形石塔与旁边的礼拜场所并列摆放是很恰当的，两者都与神灵有关，无论是从字面意思看还是从象征意义看，圆形自古以来就会让人联想到神灵。也许你会认为岩石灯塔是距离我们的时代最近的圆形建筑，在所有的圆形石头建筑中，它们当然是最年轻的，但它们似乎浓缩沉淀了几千年的力量。

现在，布莱克沃尔灯塔里有一个奇怪的装置。塔里放置的不是灯，而是名叫"Longplayer"的发声装置，这个音乐项目开始于1999年12月31日，旨在打造一段千年永续的乐曲。创意来自杰姆·芬恩，他是 The Pogues 乐队的吉他手，曾与谢恩·麦克戈万一起创作了圣诞歌曲《纽约童话》。

Longplayer 位于与灯塔相连的旧浮标仓库的上层，乐音通过扬声器传遍灯塔八角形的室内和灯笼。整套发声装置由数百个中国西藏唱钵组成，演奏的是被电脑随机编排成曲的几百段音乐。这些唱钵是漂亮的青铜器皿，邻近的浮标仓库的屋顶阁楼中陈列了许多。它们和"磬"属同类，通过使用软垫手柄敲击或摩擦边缘来演奏。由电脑编排的序列产生了一种令人着迷的音调波动，无法用语言准确描述，当你透过灯笼的玻璃窗看到窗外空寂无人的泰晤士河时，这种感觉尤为强烈。

这是由乐音组成的景观，类似于黄昏时英国各地的海员所看到的海景：一座又一座灯塔的强光穿过渐渐变暗的海面。Longplayer 旨在挑战我们，促使我们在未来的几个世纪里始终保持兴趣，它衡量着我们对耐力的价值观。我觉得这个圆形乐器的命运在某种程度上与岩石灯塔的命运交织在一起。毕竟，在乐音回荡的灯笼里，曾经是灯塔的灯和透镜闪烁的地方。

我的探访旅程表明，岩石灯塔有着惊人的特征和联系，有的赫赫有名，有的默默无闻，有的只剩废墟，有的仍在导航。但正如我在贝尔灯塔所发现的那样，所有的灯塔都具有一个最根本的特点：为所有人的安全而建的助航礼物。在一个越来越不安分和愤世嫉俗的世界里，岩石灯塔发出了不带偏见的友善信号。选择背弃这一点，选择熄灭灯塔的行为令人担忧。如果有一天，我们让主教岩灯塔以及其他灯塔先是沉入黑暗，继而沉入波涛之中，那将说明我们的许多问题。保留住这些灯塔，或许就是保留住了我们在精神上的宽宏大量。

随着世界大战后英国的威望逐渐消减，英国开始学会珍惜自己的历史，特别是那些有形的遗迹。从 18 世纪开始，古文物研究者们就一直在重新发掘和研究古代遗迹，但直到 20 世纪，各种活动才得以成形，立法才得以通过，国家信托基金等组织才得以创建，建筑才得以以国家的名义得到保存。大约与此同时，我们爱上了参观城堡，而不再下海，英国成了一个热衷于了解自己征服史的国家，一个热衷于参观历史纪念碑的国家。这种趋势方兴未艾，我们的历史已经成为我们铸造的世界的一部分，我们对历史建筑和历史遗迹的兴趣只会与日俱增。

每年都有数百万人参观城堡，但我们建造的一些最有趣的堡垒却不在陆地上。灯塔体现了一种利他主义，它为每个人照亮海洋，但它们也与我们历史上败坏的帝国主义名声有关。与任何陆地建筑一样，这些被海洋撼动的建筑是英国遗产中看不见的边缘部分。它们讲述着更无声的故事：与这些海上灯塔有关的社团的历史，以及曾经构成灯塔腹地的守塔人、海员及其家庭的历史。正如我在法斯特耐特灯塔所观察到的一样，虽然这些历史已经支离破碎，但却并未完全消失。

乔萨用胳膊肘推推我，将我从思绪中拉回现实。我把酒瓶递给她。已经午夜了，我们决定回家。她轻轻把酒瓶斜靠在嘴唇上，月光又一次照在锡蜡酒瓶上。两束古老的白色强光好像回应一般，从远方射来。

21. 主教岩的黄昏，1932年

英国及爱尔兰岩石灯塔及建造日期一览

埃迪斯通灯塔——1698 年，1708 年，1759 年及 1882 年

史莫斯灯塔——1776 年及 1861 年

朗希普斯灯塔——1795 年及 1875 年

南岩灯塔——1797 年

贝尔灯塔——1811 年

豪博莱灯塔——1824 年

栖木岩灯塔——1830 年

特温杜灯塔——1838 年

普利茅斯防波堤灯塔——1844 年

斯凯里沃尔灯塔——1844 年

针岩灯塔——1859 年

斯凯尔维尔灯塔——1860 年

哈诺伊斯灯塔——1862 年

布莱克沃尔灯塔（伦敦）——1866 年

狼岩灯塔——1870 年

杜布·阿尔塔赫灯塔——1872 年

鸡岩灯塔——1875 年

牛车灯塔——1886 年

主教岩灯塔——1858 年及 1887 年

比奇角灯塔——1902 年

法斯特耐特灯塔——1904 年

注　释

埃迪斯通灯塔（一）

亚当·哈特－戴维斯的《温斯坦利和埃迪斯通灯塔》（2003）摘入了"五月花号"船长所说的内容。亨利·温斯坦利对那间"非常精致的卧室"的描述出自他的一幅版画（17世纪末，18世纪初），哈特－戴维斯的传记记录了这段内容。

贝尔灯塔

《航海通告》摘自罗伯特·史蒂文森的《贝尔灯塔施工实录：宏伟建筑的建造细节与特殊结构》（1824）。下文中所有罗伯特·史蒂文森的引述也都摘自于此，其中不含有关委员会的内容，这段话出自他的一封信，R. W. 门罗的《苏格兰灯塔》（1979）中摘入了这封信。R. M. 巴兰坦的话出自他的著作《灯塔：讲述人与海大战的故事》（1865）。拓展阅读包括贝拉·巴瑟斯特的《史蒂文森的灯塔》（1999）以及戴维·泰勒的贝尔灯塔介绍网站（http://bellrock.org.uk）。

豪博莱灯塔

亚历山大·尼莫的航路指南出自国家档案馆中一份未出版的文件（1821）。艾伦·史蒂文森对豪博莱灯塔的描述出自他的著作《斯凯里佛建筑纪实》（1848）。领港公会代表团的描述（"一盏固定的灯，灯中有20面25英寸的反射镜……"）出自1869年领港公会一本未出版的会议记录。有关豪博莱灯塔被用作传统走私路线以及与威廉·斯威特曼事件有关的引述，均出自经解密但未出版的国防部档案中有关20世纪70年代的卡灵福德湾的记录，该档案现存于国家档案馆内。

栖木岩灯塔

文中罗丝·乔治对现代航海的深入分析出自《远洋国际航行》（2013）。贝拉·巴瑟斯特所著的《打捞者》于2005年出版，休·霍林赫斯特所著的《约翰·福斯特与儿子：乔治亚时期的利物浦建筑之王》于2009年出版。约翰·罗宾逊和黛安·罗宾逊的《利物浦湾的灯塔》于2007年出版。那段贬低新布莱顿的内容（"没有多少读者想看到新布莱顿的旅游推荐……"）摘自照片集《环游海岸》（1895），现在在网上就可以买到。《高文爵士与绿衣骑士》的选段摘自企鹅出版社出版的布莱恩·斯通版的译本（1974）。

插曲：布莱克沃尔灯塔

温斯坦利对1698年所建的埃迪斯通灯塔内蜡烛的描述，来自他自己的一幅版画（17世纪末，18世纪初），哈特－戴维斯的传记摘录了这段描述，上文也有提及。约翰·斯密顿的话来自1791年他对埃迪斯通灯塔的记述，记录于《埃迪斯通灯塔》（1882）中。特蕾莎·莱维特的《一道短暂的闪光：奥古斯丁·菲涅耳与现代灯塔的诞生》于2013年出版。有关1869年3月19日晚的描述（"寒冷，但美好……"）来自领港公会同年未出版的会议记录。

狼岩灯塔

约翰·贝杰曼所写的内容来自他的著作《康沃尔：贝壳指南》（1934）的序言。詹姆斯·道格拉斯对狼岩灯塔的描述和评论来自他于1870年在土木工程师学会发表的关于狼岩灯塔的论文。伊丽莎白·斯坦布鲁克写的朗希普斯灯塔上的生活记录出自她的著作《朗希普斯灯塔》（2016）。W. J. 刘易斯对守塔人对救援日的期待所做的评论出自他的著作《无尽的守夜》（1970）。弗雷德里克·基顿所言出自他的《埃迪斯通灯塔游记》（1892）。托尼·帕克口述的守塔人史出自《灯塔》（1975）。直升机驾驶员对彭利救生艇悲剧的感慨刊登于 2017 年的《普利茅斯先驱报》。对狼岩灯塔全面的记述出自马丁·博伊尔的《狼岩灯塔》（1997）。

埃迪斯通灯塔（二）

迈克尔·帕尔默所言出自他的著作《埃迪斯通灯塔：光的手指》（2005）。威廉·道格拉斯提到的"非常困难和乏味的工作"出自他为土木工程师学会撰写的有关埃迪斯通灯塔的论文（1883）。弗雷德里克·基顿的话出自他的《埃迪斯通灯塔游记》（1892）。

主教岩灯塔

W. J. 刘易斯所说的全部内容均出自他的著作《无尽的守夜》（1970）。西里尔·诺尔的话出自他所著的《康沃尔的灯光和失事船只》（1968）。伊丽莎白·斯坦布鲁克斯讲述的两位主教的遭遇，以及主教岩作为行刑地点这一用途均出自《主教岩灯塔》（2008）。罗伯特·梅比所说的内容（"这个夏天非常令人愉快…"）摘自她的著作，另有一句将灯塔称作"鬼门关"的评论出自搭建灯塔的建筑工人。托马斯·威廉姆斯的描述出自他所著的《詹姆斯·尼古拉斯·道格拉斯爵士的生活》（1900）。有关惠里敦矿的引述内容出自阿瑟·罗素爵士的文章《彭赞斯惠里敦矿的历史和矿产》，发表于 1949 年《矿物学杂志》第 205 期第 28 卷。

法斯特耐特灯塔

詹姆斯·莫里西对法斯特耐特灯塔的描述出自《法斯特耐特灯塔的历史》（2005）。《科克宪法报》的报道刊登在 1947 年 11 月 19 日星期五的《贝尔法斯特电讯报》上。

致　谢

这本书的写作，首先要归功于以下灯塔业内人士：菲尔·劳勒、米克·奥雷利、罗里·麦基、巴里·菲兰、亚瑟·沃德和肖恩·坎宁安（以上全部来自爱尔兰灯塔委员会）、柯尔斯滕·库珀、道格·达罗克和戴夫·邦德。由衷感谢尼利·奥雷利和戴夫·珀迪在法斯特耐特灯塔上的热情款待以及他们表现出的风趣幽默。感谢约翰·博阿斯、大卫·泰勒、格里·道格拉斯·舍伍德和克莱夫·康威尔慷慨拨冗接受采访及校对部分文稿。感谢尼尔·琼斯、马尔科姆·约翰斯（领港公会）、艾莉森·梅特卡夫、卡罗尔·摩根和伊丽莎白·斯坦布鲁克提供宝贵建议。

我还要特别感谢一直支持我的伙伴，伦敦法团的几位规划官员以及凯瑟琳·斯图布斯和安妮·汉普森。我曾经的导师朱迪·法伦·布拉德利耐心地监督了本书的进度，卓越的经纪人卡丽·普利特则使得这本书的出版成为现实。企鹅出版社才华横溢的编辑塞西莉亚·斯坦对此书精益求精，使这本书达到了最佳的状态，丽贝卡·李和克莱尔·佩利格里凭借敏锐的洞察力精心润色了文本。我也要感谢海伦·康福特、马特·哈钦森、英格丽德·马茨、吉姆·斯托达特、理查德·格林、弗朗西斯卡·蒙泰罗和克里斯·沃梅尔对这本书倾注的热情以及赋予本书的艺术性。

在跟我一起探访现场的人中，迈克尔·奥马奥尼和罗兰·埃

257

利斯是我亲密的伙伴，也是照片的摄影师（迈克尔还是文稿顾问）。感谢各位家人朋友一直支持着我写成这本书。在此，我必须特别感谢尼克·海斯、康纳·奥布莱恩、马克斯·德克尼、彼得和卡琳·麦克纳马拉、汤姆·加伍德、马修·库珀、理查德·帕里什以及伯恩斯和南科拉斯家的成员们。他们现在对灯塔的了解可能超过了他们想要了解的范围，我对此深表感激。

最后，我要向妻子乔萨表示最诚挚的爱与感谢，在本书成书的全过程中，她一直是我的基石与明灯。

图片来源

以下个人及组织慷慨授权本书使用以下插图：

领港公会：图 1 和图 3；图 3《暴风雨中驶近埃迪斯通灯塔的船只》由比奇上将于 1874 年绘制。

苏格兰国家图书馆：图 4、图 6 和图 11；图 4 和图 11 是罗伯特·史蒂文森（1824）记录在《实录》一书中的细节图纸。

国家档案馆：图 7。

迈克尔·奥马霍尼：图 9 和图 10（©Michael O'Mahony）。

玛丽·埃文斯有限公司：图 12（《伦敦新闻画报》，© Mary Evans Picture Library）；此图首次出版于 1868 年 1 月 18 日。

彭赞斯莫拉布图书馆：图 14 和图 21。

土木工程师学会：图 15；此图出自姆斯·道格拉斯于 1870 年以学会名义发表的有关狼岩的论文的附录。

《康沃尔人报》及康沃尔研究图书馆：图 16；此图首次发表于 1976 年 12 月 16 日的《康沃尔人报》。

爱尔兰国家图书馆：图 20；此图为爱尔兰灯会委员科学顾问罗伯特·鲍尔爵士（1840—1913）所摄系列照片中的一张。

图 2、图 5、图 8、图 17、图 18 及图 19 由作者本人拍摄。